MANIFESTE DES DIEUX

SUR

LES AFFAIRES DE FRANCE.

APPARITION DE S. A. R. LA FEUE

Mme LA DUCHESSE DOUAIRIÈRE D'ORLÉANS

(MARIE-LOUISE-ADÉLAÏDE DE BOURBON-PENTHIÈVRE),

Descendante de Louis XIV,

A SON FILS LOUIS-PHILIPPE Ier,

Roi des Français.

RÉVÉLATIONS.

> . . . . Ah ! cet ordre suprême
> Sans doute est un arrêt dicté par le ciel même.

Le Manifeste des Dieux sur les Affaires de France, Apparition de S. A. R. Mme la feue duchesse douairière d'Orléans, à son fils, Louis–Philippe Ier, étant ma propriété, il n'y a d'exemplaires avoués par moi que ceux portant ma signature; les autres sont des contrefaçons saisissables, et dans le cas de la confiscation.

M. A. Le Normand

PARIS. — IMPRIMERIE DE DONDEY-DUPRÉ,
Rue Saint-Louis, n° 46, au Marais.

La gente volatile se transportait aux grilles, le son de leur pieds et croassement ne respirait que vengeance, que fureur, que carnage.

MANIFESTE
DES DIEUX
SUR LES
AFFAIRES DE FRANCE.

APPARITION DE S. A. R. LA FEUE

Mme LA DUCHESSE DOUAIRIÈRE D'ORLÉANS

(MARIE-LOUISE-ADÉLAÏDE DE BOURBON-PENTHIÈVRE),

Descendante de Louis XIV,

A SON FILS LOUIS-PHILIPPE Ier,

Roi des Français.

RÉVÉLATIONS.

Par Mlle M. A. Le Normand,

AUTEUR DES MÉMOIRES HISTORIQUES ET SECRETS DE L'IMPÉRATRICE JOSEPHINE; DE L'ANGE PROTECTEUR DE LA FRANCE AU TOMBEAU DE LOUIS XVIII; DE L'OMBRE DE CATHERINE II AU TOMBEAU D'ALEXANDRE Ier; DE L'OMBRE DE HENRI IV AU PALAIS D'ORLÉANS; DU PETIT HOMME ROUGE AU CHATEAU DES TUILERIES, LA VÉRITÉ A HOLY-ROOD; etc.

> ..... C'est une imprudence assez commune aux rois
> D'écouter trop d'avis et se tromper au choix.
>
> P. CORNEILLE.

PARIS.

Mlle LE NORMAND, ÉDITEUR-LIBRAIRE, RUE DE TOURNON, N° 5,

Faubourg Saint-Germain;

DONDEY-DUPRÉ PÈRE ET FILS, IMPRIM.-LIBR.,

Rue St.-Louis, N° 46, au Marais,

Et rue Richelieu, N° 47 bis, maison du Notaire,

ET CHEZ LES PRINCIPAUX LIBRAIRES DE LA CAPITALE ET DE L'ÉTRANGER.

21 Janvier 1832.

ON TROUVE

Chez Mlle Le Normand, rue de Tournon, N° 5, faubourg Saint-
Germain, à Paris.

Souvenirs prophétiques d'une Sibylle (les), in-8°, avec gravure. Paris,
1814... 7 fr. 50 c.
Anniversaire de la mort de l'impératrice Josephine (l'), brochure in-8°, 29
mai. Paris, 1815.............................. 1 fr. 50 c.
Sibylle au tombeau de Louis XVI (la), brochure in-8°. Paris, 21 janvier
1816.. 2 fr.
Oracles sibyllins (les), in-8°, 4 gravures. Paris, 1817......... 7 fr. 50 c.
Congrès d'Aix-la-Chapelle, etc. (le), in-8°, 7 grav. Paris, 1819..... 6 fr.
Souvenirs de la Belgique, ou le Procès mémorable, in-8°, avec portrait. Pa-
ris, 1822.. 6 fr.
Ange protecteur de la France au tombeau de Louis XVIII (l'), brochure in-8°.
Paris, octobre 1824............................ 2 fr. 25 c.
Ombre de Catherine II au tombeau d'Alexandre Ier (l'), brochure avec por-
trait. Paris, 1er février 1826....................... 3 fr.
Mémoires historiques et secrets de l'impératrice Josephine (Marie-Rose Tascher
de la Pagerie), première épouse de Napoléon Bonaparte (les), 3 vol. in-8°,
avec 8 gravures, portrait, *fac simile*, deuxième édition. Paris, novembre
1828... 24 fr.
Ombre de Henri IV au palais d'Orléans (l'), brochure in-8°. Paris, 1er janvier
1831.. 3 fr.
Petit Homme rouge au château des Tuileries, la Vérité à Holy-Rood (le),
brochure in-8°. Paris, 1er juillet 1831.

SOUS PRESSE :

L'OMBRE DE S. A. S. LE PRINCE DE BOURBON CONDÉ (Louis-Henri-
Joseph), à son filleul, duc d'Aumale, (Henri-Eugène-Philippe-Louis
d'Orléans.)
« Ah ! qu'entends-je ! »

LA SIBYLLE A LONDRES, in-8°, avec gravures.

LOUISE WILHELMINE DE PRUSSE, ou les Infortunes d'une grande Reine,
2 vol. in-8°, 4 grav., portrait.

ANECDOTES HISTORIQUES, POLITIQUES, etc., sur la reine d'Angleterre (Caroline-Amélie-Élisabeth de Brunswick), particularités secrètes sur
la princesse Caroline d'Angleterre, épouse de S. A. R. le prince de Saxe-
Cobourg (Léopold), 2 vol. in-8°, 3 grav.

MÉMOIRES HISTORIQUES, POLITIQUES, SOUVENIRS, CONFES-
SIONS, CORRESPONDANCES SECRÈTES, etc., etc., de Mlle M.-A.
Le Normand, 10 vol. in-8°, 24 gravures.

ÉPITRE DÉDICATOIRE

A L'OMBRE DE S. A. R. FEUE Mᵐᵉ LA DUCHESSE

DOUAIRIÈRE D'ORLÉANS,

(Marie-Louise-Adélaïde de Bourbon-Penthièvre) descendante de Louis XIV.

Madame,

L'honneur que vous voulez bien faire à cet ouvrage, en permettant qu'il vous soit adressé, le
met au rang de ceux que la postérité avouera; la
protection des immortels, qui, comme vous, auguste Princesse, savent allier aux rares talens de

l'esprit les qualités encore plus rares du cœur, est le moyen le plus sûr et le plus prompt de faire éclore le génie. De quels efforts ne serai-je pas capable si ce nouvel essai de ma plume, *commandé par Votre Altesse Royale,* peut avoir le bonheur de lui plaire! J'ose le dire, s'il était lu par votre illustre fils, il serait immortel, surtout, s'il est jugé digne de celle à qui j'en fais hommage.

J'ai l'honneur d'être avec un très-profond respect,

De Votre Altesse Royale,

Madame,

La très-humble et très-
obéissante servante,
Le Normand.

APOLOGUE.

> Il s'est fait notre chef, etc.
> Judas Machabée.

C'était à la fin d'un des derniers jours de décembre 1831, les rives de la Seine étaient encore éclairées par les rayons du soleil du soir ; l'œil se reposait sur ce palais, théâtre des événemens les plus mémorables de la vie politique de notre roi-citoyen. Tandis que des curieux s'entretenaient sur la dévastation commandée, on remarqua aux Tuileries un phénomène extraordinaire, le char du messager des dieux, environné d'un météore brillant, planait sur le palais des rois.

Pauvres Tuileries ! tel était le cri qu'on entendait retentir dans toutes les classes, pauvres Tuileries, votre nouveau maître vous traite bien mal ; et les vaincus comme les vainqueurs rêvaient des projets quoique appelés à soutenir des intérêts bien différens.

Et sur la demande formelle d'un bossu mécontent, une grave explication eut lieu entre les amis des arts qui gémissaient sur la profanation du chef-d'œuvre de Le Nôtre, et les héros de la victoire de Saint-Germain-l'Auxerrois ou de l'Archevêché.

Et les uns comme les autres faisaient des commentaires et racontaient l'histoire de la terrasse du palais, de cette terrasse si audacieusement confisquée au profit d'un seul. Ils remontaient à l'origine du libre passage dont jouissait le public depuis Louis XIV ; ils se disaient : « Supposons un instant que le Palais-Royal veule

» s'arroger le droit de s'armer de la dictature et d'exercer la
» souveraineté dans les palais des rois. Doit-il s'ensuivre que
» les habitans de la vieille Lutèce soient privés d'un passage
» que les descendans du grand roi leur avaient si généreusement
» concédé.

» Que le chef de l'état ait eu la fantaisie de deux jardins com-
» posés d'une double allée droite et de plates-bandes de même
» forme, terminées par un saut-de-loup avec une rampe de gazon,
» et enfin par une grille de fer, pour y méditer sur ses futures
» destinées comme sur les nôtres ; a lui bien permis d'être dis-
» trait, de laisser errer son imagination ; mais devrait-il chasser
» sur les plaisirs des habitans de la reine des cités ? Non , assuré-
» ment non ! Pauvre, pauvre France, où en es-tu réduite, pour
» que ton roi vienne étudier la politique des cabinets européens
» sur le bord d'un fossé ?

» Quoi donc ! une ligne de démarcation est établie entre le
» peuple souverain et son premier mandataire ! Tu dors , coq gau-
» lois, tu dors, et je sonne le réveil. Ainsi s'exprime l'orateur du
» peuple, menaçant le seigneur budget des frais de la culbute (1)...
» Je ne dors pas, s'écrie, par exclamation et d'une voix de Sten-
» tor, un vainqueur de la grande semaine ; non, Mayeux, *on ne*
» *peut nous blesser sans qu'il en coûte.* C'est une prise de posses-
» sion publique à l'exclusion des classes populaires, et les travaux

---

(1) La consigne au château des Tuileries, du 1er janvier 1832, exigeait
une mise soignée pour pénétrer dans le jardin royal. Cet ordre paraît rigou-
reux, même injuste à cette portion du souverain, *non sujets,* devenue maître depuis les barricades de juillet 1830. La plupart des vainqueurs du Louvre
venaient visiter le roi-citoyen en gilets et en casquettes (maintenant l'étiquette
est changée...); des femmes, la tête ceinte d'un mouchoir rouge, crièrent,
invoquèrent la rebellion ! menacèrent la garde du château. Fort heureusement
plusieurs officiers se montrèrent à la brèche. L'un d'eux, au regard sévère,
expressif, en imposa à la tourbe populaire. (Elle semblait se recruter sur son
propre terrain.) Elle jura en se dissipant, qu'elle saurait y revenir en nombre
et donner le bal cet hiver aux habits brodés et aux manteaux de cour.

(Historique.)

» exécutés sous nos yeux et sans notre approbation nous choquent
» vivement. Qui sait même si nos amis les Saint-Simoniens ne
» sapent pas les fondemens du trône élevé par le suffrage des
» 221, auxquels la seconde Charte devait nous rattacher! »

Le messager des dieux prêtait une oreille attentive à leurs cris,
leurs personnalités, leurs discours. Le poinçon de l'Olympe les
burinait sur ses tablettes; son regard d'aigle se reportait sur la
majestueuse symétrie qu'admire l'Europe et que le règne du
grand siècle et la gloire de l'empire n'avaient fait qu'embellir.

Les menaces fulminées contre le nouveau César étaient proba-
blement très-loin de la pensée de nos bons Parisiens, qui la plupart avaient les mains dans leurs poches, le nez en l'air et se
contentaient de dire : *Il nous retire les promesses du passé et
mure devant nous l'avenir*. On voyait flotter sur le terrain qui
porta l'échafaud de Louis XVI et celui de son juge, le drapeau
de *libertas respublica*. Des agitateurs faisaient entendre de dures
vérités et signalaient la royale demeure; et pourtant, il ne faut
que jeter les yeux sur la France, fière, florissante, depuis l'avénement au trône de la maison d'Orléans, *pour demeurer émerveillé!*

Un petit Homme Rouge (1) qui se dérobait avec soin aux regards de la multitude, ne put s'empêcher de plier les épaules et
de dire : Les insensés, ils sont tous sur le bord du puits de l'a-
bîme, car le démon des révolutions vient de nouveau de se dé-
chaîner sur l'empire.

Les frères et amis, qui se trouvaient en grand nombre, jetèrent
un regard de dédain sur le protecteur de la dynastie napoléo-
nienne : « Place, dirent-ils, à la *fortune des gueux!* » L'abatte-
ment et la misère sont au comble; il nous faut un Lycurgue...
On ne peut s'applaudir de régner sur ceux qui soulèvent contre
leur chef les dédains et le mépris... Entendez-vous nos sinistres

---

(1) *Le Petit Homme Rouge au château des Tuileries, la Vérité à
Holy-Rood*. Cet ouvrage curieux, unique dans son genre, est recherché
avec un empressement général, d'autant plus qu'il renferme une foule de
prédictions étonnantes et *véridiques* sur les affaires de France.

murmures, les trépignemens de colère et d'indignation. Paris est tout en feu.

La saine partie du public paraissait consternée ; les désastres de Lyon rapprochaient les vainqueurs des vaincus, à l'effet de repousser en commun le meurtre et le pillage. On ne se faisait plus illusion sur les causes qui mettaient la France en rumeur et en armes. L'ivresse de la démocratie et du désordre alarmait également la souveraineté populaire ainsi que le faisceau ministériel : « Le peuple meurt de faim, le travail manque, tel est le
» cri de la modération. Le mouvement réclame l'ouverture d'un
» coffret au millésime de 1631, trouvé sous la terrasse du midi,
» et regardant cedit coffret comme une propriété nationale. Dans
» son délire, il menace le nouveau maître du château des Tuile-
» ries, que s'il ne donnait au pouvoir prédestiné Saint-Simonien,
» tous les millions qu'il demande ; il saurait arborer en 1832, le
» bonnet phrygien, surmonté du grand aigle. »

« On veut tout bonnement vous imposer le proscrit d'Holy-
» Rood ; une nouvelle Jeanne d'Arc a reçu sa mission de saint
» Louis. Dites donc, les amis, écoutez l'audacieux républicain.
» Le coup est porté, l'alarme est donnée !... Dans cet état géné-
» ral de crainte et d'inquiétude, les yeux de Mayeux, quoiqu'ils
» ne parussent avoir en vue aucun objet fixe, ne restèrent pas un
» instant stationnaires ; il parla ainsi, d'un air de triomphe et d'un
» ton solennel : On emprisonne à tort à travers ; les germes de
» discorde entretenus avec soin de part et d'autre, ne tarderont
» pas à porter leur fruit... gare le mouvement... C'est farce,
» le tour que la rusée Vendéenne (1) leur a joué, *en attendant*
» *les autres.* Cependant, honneur au beau sexe, au courage,
» ainsi *qu'à l'opinion.* Le bossu patriote ne divague pas toujours ;
» et, malgré certaines gens, il n'en est pas moins vrai que le
» langage populaire est un miroir où se réfléchissent de grandes
» et d'importantes vérités. »

---

(1) Mme la marquise de La Roche Jacquelin.

Le char aérien de Mercure, traîné par de jolis phénix de la
famille des sphinx, ayant des yeux sur leurs ailes, s'avançait ma-
jestueusement vers le royal manoir. Là, les abeilles de cour re-
marquèrent que le messager des dieux apportait à leur souverain une pierre *chrysolampe*, pour l'éclairer la nuit, s'il refusait
d'entendre et d'y voir au grand jour.

Au moment où l'ultimatum des dieux fut placé sous les yeux
du roi des Français, ce prince parut grave et pensif, et le re-
garda avec consternation. Le cimier et les armoiries de France en
ornaient le cachet. Il le brise à l'instant. Le ciel s'obscurcit et se
couvrit de nuages. Borée, vent du nord, soufflait avec force ; une
nuée d'oiseaux ombrés de nuances diverses, vint fondre tout-à-
coup sur les deux jardins réservés pour les plaisirs des princes.
On remarquait principalement le *chocard*, corbeau des montagnes
à bec et à pieds jaunes ; l'*aigle de mer*, le *choléra-morbus*, grand
nombres de *pigargues* à queue blanche ; des *sagittaires*, un *faux-
perdrien*, l'*orfraie*, des *plumicoles*, des *chats-huans*, le *hibou-es-
pion nocturne* ; (*struhiocamelis*), *autruche*, dont le cou très-long
atteignait l'appartement du roi.

*La gent volatile se cramponnait aux grilles; le son de leur
piolis et croassement ne respirait que vengeance, que fureur et carnage.* Un tyran huppé de *Cayenne*, un *basilic* et des *rats* de la
Martinique, qui sentaient le musc, tenaient conseil sous le pé-
ristyle du Palais. Des *congo-orang-outang* en gardaient les portes,
et portaient des baguettes plombées qu'ils agitaient. Ils sommaient
opiniatrement le régénérateur de la France, de faire droit à leurs
demandes avant de se décider à sortir de cette enceinte. Des re-
nards alléchés par l'odeur du festin royal, goûtaient à tous les
mets, et dégustaient les vins. Un aspic, petit serpent, s'était glissé
adroitement auprès du souverain, tandis qu'un *chat-tigre* de la
plus belle espèce le caressait pour l'empêcher d'éviter la pi-
qûre ; l'apparition de Mercure terrifia les traîtres, et vint déjouer
les sinistres complots que le *belzébut* et le *léopard* encourageaient.
Une *hiène* furieuse se faisait remarquer par sa voracité. Fort
heureusement, le messager des dieux protégea l'œuvre populaire

assiégée dans son propre palais. Alors, sans demander formelle-
ment la suppression des abus de la seconde révolution, uniquement il déclare à Louis-Philippe Ier, que des apôtres d'une secte
nouvelle remuent les passions politiques, mettent en présence les
partis pour diviser la France. « Gardez-vous de temporiser, c'est
» un point important; il faut, au contraire, réduire les rebelles,
» ils seront épouvantés de se voir investis de toutes parts ; si vous
» n'y prenez garde, ils se rendront maître des forteresses, le bou-
» levart de vos frontières... telle est mon opinion. » Il dit, et
chassa ignominieusement du château des Tuileries, les oiseaux
de proie, les animaux carnivores, ainsi que les abeilles de cour ;
ensuite il observa : que la politique des barricades était suspecte
aux autres souverains, de même qu'il serait impossible aux
grands vainqueurs de se soutenir long-tems dans l'indépendance
et la haine des puissances supérieures, ni de briser la faulx du
très-subtil et *sanguinaire Saturne.*

La réponse autographe au Manifeste des dieux, discutée, com-
mentée en conseil *intime*, fut en quelque sorte évasive. Mercure
fulmina contre les conseillers qui se fourvoient et détournent leur
prince de la voie du salut. Alors, l'illustre ambassadeur remonte
sur son char aérien, il salue le coucher de l'astre du jour, dont les
pâles rayons se voilent à son approche. A l'aspect des curieux
qui remarquaient avec douleur les statues renversées, souillées
de boue et exposées à d'indignes mutilations, l'envoyé céleste
s'écrie : « Voilà donc comme les modernes Athéniens respectent
» les chefs-d'œuvre de leurs artistes, *les Vandales n'auraient pas*
» *fait mieux.* »

Et les jolis papillons ayant des yeux sur les ailes ajoutèrent :
« Les fortifications autour de Lutèce et du palais des rois, ne sont
» jusqu'ici qu'un problème pour la royauté citoyenne. Un despote
» ombrageux et méfiant craindrait d'y rencontrer la triste vérité. »
Heureusement, et d'après le vœu des bons Français, les hommes
de l'insurrection, et qui croient toucher au repos en prenant un
mauvais chemin, éprouveront à leur tour la funeste influence et
l'empire des maillotins... Tous les désordres, la misère révolution-

naire, et peut-être encore pis... Puissent ces mots retentir bruyamment à l'oreille des factieux : *La terreur assiégera sans cesse ton sommeil, ta vie ne sera plus qu'un long supplice*, et le vautour de Prométhée *te déchirera le sein*... L'heure s'avance, l'étoile pâlit, l'orage gronde, la foudre éclate... *Tout excès du re peu.*

En ce moment il se fit un grand bruit qui paraissait produit par une foule immense rassemblée dans le jardin royal et poussant des cris sinistres. J'entendais encore la voix des jolis papillons, déplorant les étonnantes vicissitudes que le Destin a fait éprouver aux Bourbons. Un rouleau de prophéties relatives aux destinées futures des empires européens (pour le cours des années 1832, 1833, 1834, 1835, 1836, 1837, 1838, 1839, 1840), me fut lancé du char de Mercure ; mais le dieu n'était plus visible à mes yeux...

Et je remarquai l'étonnement général ; chacun se disait :

« On n'a pas demandé pourquoi, mais on a demandé et on demande encore : comment cela s'est-il fait?

» Tout ce que l'on voit , tout ce que l'on entend renouvelle la douleur. La masse du peuple assure que l'état de malaise ne saurait subsister long-tems :

> « On n'ose se parler ni se donner la main ;
> » Le cousin ne peut plus se fier à son cousin,
> » Ni le père à son fils, ni le fils à son père ;
> » Car il le ferait pendre, afin d'avoir sa terre. »
> Etc. , etc., etc. (1).

» C'est un aveuglement bien déplorable, se disaient entre eux
» les héros de juillet : que ceux d'un parti qui fut le nôtre, soient
» admis à partager une gloire que rien ne saurait effacer, et af-
» fectent de dégrader tout ce qui la constitue ; si MM. tels et tels
» (en les désignant) semblent n'être admis auprès du roi-citoyen
» que pour nous avilir, après nous avoir si long-tems admirés...
» De notre côté, l'extinction des quasi-partis est la seule chose
» qui nous convienne : gare la bombe, la mèche est allumée... »

---

(1) Walter-Scott, *le Château périlleux*, tom. II, p. 188.

Je cherchai à calmer cette multitude égarée, et lui fis à la fin comprendre que la vérité parviendrait aux oreilles du souverain de leur choix, que ce souverain abdiquerait plutôt (en *faveur de la légitimité*) que de permettre à ces flatteurs de le faire dévier des dispositions de cette loi fondamentale qui est son propre ouvrage.....

MANIFESTE DES DIEUX

SUR LES AFFAIRES DE FRANCE.

JUPITER OLYMPIEN

A S. M. LOUIS-PHILIPPE Ier,

ROI DES FRANÇAIS.

P R I N C E ,

Mercure est chargé par moi de vous exprimer, au nom des dieux, l'étonnement et l'impression profonde que le décret national du bannissement de la branche aînée de votre famille a causé à la cour céleste, ainsi qu'à l'auguste princesse votre mère, inviolablement attachée à la dynastie de Louis XIV (1).

Les malheurs des Bourbons sont si grands, qu'il n'est que celui des Stuarts qui puisse l'égaler. L'affliction de Charles X, de *Charles votre ami!* qui, dans la vieillesse, est tombé dans l'exil et dans l'indigence, a paru digne aux immortels de mériter des larmes. Informés d'un attentat aussi inoui, les dieux dans leur colère vont se hâter d'en tirer vengeance. L'arrêt prononcé contre les chefs du désordre retombera..... héritier de Gaston d'Orléans, je n'ose achever. Vous vous apercevrez bientôt du

---

(1) Il est de toute notoriété que la feue duchesse d'Orléans, mère de S. M. Louis-Philippe Ier, aimait sincèrement sa famille. Une personne attachée à la princesse se permit (*le lendemain de l'assassinat du duc de Berry*) de lui dire : « D'après un tel malheur, il se pourrait, madame, que le duc d'Orléans régnât à la fin. — *Que Dieu l'en préserve*, répéta plusieurs fois la duchesse. *Oh! gardez-vous de souhaiter la couronne à mon fils!* Nul doute, que si la branche aînée venait à s'éteindre, Louis-Philippe n'y succédât de droit. S'il en était autrement, madame, je m'exilerais de France! Un cœur tel que le mien ne pourrait supporter, encore moins approuver le parjure.

(Historique.)

trouble et du murmure. Malgré toutes les précautions que vous pouvez prendre pour conserver votre royauté citoyenne, les stratagêmes, les parjures, les infidélités, les vexations ne sont comptés pour rien parmi les hommes qui sacrifient tout à leur fortune, et qui, d'un jour à l'autre, peuvent en venir aux mains. Mettez tout en œuvre pour effacer la tache que porte la couronne, sinon Saturne va prononcer : « Que vos jours s'écouleraient dans l'angoisse. Le rôle d'un Guillaume III(1) serait indigne d'un Bourbon, surtout si ce Bourbon proscrivait sa famille. Quelque triste que soit votre situation, vous devez vous conduire royalement, et méditer sur la conduite de Louis XIV dans une grave circonstance. Ecoutez, Prince! la rebellion est dans toutes les provinces ; la rebellion menace Lutèce, la rebellion assiége votre palais! Les dieux, à la prière de madame la duchesse d'Orléans, née Bourbon-Penthièvre, ont suspendu leurs coups jusqu'au jour où vous déclarerez au sénat français vos résolutions sacramentelles : puissent-elles être dignes d'un fils de Henri IV. S'il en était autrement, Louis-Philippe, Mars, le dieu Mars.....

JUPITER OLYMPIEN.

---

(1) Le prince d'Orange (Guillaume III) fut à peine débarqué en Angleterre que l'infortuné Jacques II se vit délaissé de tout le monde, de sa fille même la princesse Anne, pour laquelle il avait toujours eu la plus tendre affection, « Grand Dieu! s'écrie ce prince, prends pitié de moi! mes propres enfans » abandonnent leur père. » La réception que fit le magnifique Louis XIV à l'Anglais malheureux, lorsqu'il arriva à Saint-Germain-en-Laie avec sa famille désolée, était royale et digne d'un monarque français. L'hospitalité exercée en Ecosse envers de hautes infortunes, n'est, selon maints boudeurs, qu'une *quasi-générosité*. Albion caresse nos myopes politiques et donne le mot d'ordre à la royauté citoyenne ! C'est là précisément ce qui fait que nos affaires vont si bien.

A. B. C. D.

APPARITION

DE S. A. R.

FEUE Mme LA DUCHESSE DOUAIRIÈRE D'ORLÉANS

(Louise-Marie-Adélaïde de Bourbon-Penthièvre),

Descendante de Louis XIV,

A SON FILS LOUIS-PHILIPPE Ier,

roi des français.

RÉVÉLATIONS.

> A pleurer ta naissance, hélas! jadis si chère!
> Pour le malheur de Rome ai-je donc été mère!
> J'ai produit le plus grand de tous ses ennemis,
> Rome ne craindrait rien si je n'avais un fils?
> Ah! cette horrible idée accable mon courage.
>
> Véturie.

——————

L'horloge du palais des rois résonne; le marteau des heures frappe sur son timbre, et la dernière heure de 1831 est sonnée. Année mémorable de 1832, je te salue, et ne viendrai pas, à l'exemple de fastueux courtisans, m'incliner humblement en face du soleil de la royauté de juillet. Oh! non; assurément non! J'entends retentir le tourbillon révolutionnaire et les cris de détresse que toutes les villes poussent à-la-fois; mes yeux sont ouverts sur la France, et les souhaits de mon cœur se reportent uniquement sur ma belle patrie et sur son avenir.

Tout repose dans Lutèce ; tout repose dans le royal manoir : la garde seule y veille ! On change les consignes ; trois mots d'ordre se succèdent ; un tumulte complet règne sur le Carrousel, l'alerte serait-elle au pavillon de Marsan, et pourtant tout est dans l'inaction autour du jardin des Tuileries.

C'était ainsi qu'au milieu d'un profond silence, Louis-Philippe Ier goûtait les douceurs d'un tranquille repos, en attendant que mille pensées accablantes vinssent le tourmenter ; car les *Spartacus*, dans leurs lois de liberté et leur zèle énergique, lui ménagent une liste civile dont il paiera les frais.

Et tout-à-coup je me dis : Tu seras accusée de haine contre la royauté populaire, et dame Thémis se brouillera avec moi. Ce serait une haute inconvenance, d'où pourrait advenir unanimité de louanges et de vogue pour les uns, et de blâme pour les autres. Mieux vaudrait sans doute ne point aigrir les douleurs ; et en attendant que la limite naturelle de la France au nord-est et au nord, soit la rive gauche du Rhin, on se dirait : Malgré la bonne volonté de tout concilier, malgré la pure et la droite conscience de l'auteur de cet ouvrage, l'apparition d'une noble et auguste princesse a porté ombrage au pouvoir ; et le pouvoir, en dernier résultat, a blâmé le génie bienveillant de la vraie monarchie, et peut-être encore plus !

Ça va mal ! ça va mal ! oui, ça va mal !

Et de la troisième à la quatrième heure de *Janus*, jour du soleil, épacte xxviii, de l'an de grâce 1832, je me dirigeai à la clarté pâle et douteuse du tems vers la place Louis XV. Les étoiles ne jetaient qu'un triste reflet sur les travaux des Perrault du jour, et des Colbert du tems. Cependant le cri du hibou m'attira du côté du pavillon de Flore ; en m'approchant d'un lieu *qui m'était si connu* (œuvre élégante de Philibert Dèlorme, et de Jean Buttaut), j'entends crier haro sur un projet vandale ; mon imagination envisage alors comme naturel et possible, *ce qui n'est pas probable...* C'est une question sous l'influence d'un mystère. Poursuivant donc, et pour l'honneur de la patrie, et pour la défense de nobles intérêts, je vais me présenter avec assurance devant le juge, qui, selon moi, doit être compétent.

Armée de l'anneau de Gygès, je pénètre dans les appartemens du roi ; invisible pour tous, si ce n'est aux yeux de S. M. Louis-Philippe Ier, ma vue cause au successeur de Charles X une douloureuse sensation. Je trouve le prince absorbé dans sa noble sollicitude pour le bonheur de son peuple. Il repousse toute idée en sens contraire de la charte vérité. La royauté citoyenne doit être salariée par la nation, à l'effet de prodiguer des promesses, je dis de simples promesses.

Il rompt le silence en ces termes :

« Je rêvais, à l'instant même, que je me retrouvais » aux redoutes de Gemmapes, sans qu'un seul de mes » braves fût tenté de regarder en arrière... »

Un soupir fortement accentué se fait entendre, il se répète ; une forme lumineuse apparaît au même instant à nos regards étonnés ; un être d'une nature supérieure et surhumaine, s'approche lentement du chevet de S. M. Louis-Philippe Ier. Il considère d'un œil fixe le fantôme, et s'écrie aussitôt : « Des preuves si » convainquantes ne peuvent me faire concevoir aucun » doute ; Dieu est puissant ; une voix me dit, en dépit » de ma raison, qu'il est une autre vie. » Ces paroles ne furent point sans écho. Il porta un sombre regard sur ce qui l'environnait, sans se permettre de jeter les yeux sur... (souvenir de mort) craignant de voir pencher la balance du destin ; l'heure du souvenir viendra, et ce sera celle de la vengeance. Il dit et s'écrie aussitôt : « Qui a pu produire cette étrange métamorphose ! Je » ne crois pas me tromper, c'est ma mère ; à son air » doux et bienveillant, je la reconnais ; sa tête est ceinte » de l'auréole de l'immortalité. Mon ame se trouble à » la vue de cette apparition surnaturelle, et mes esprits » restent en extase devant celle qui vient sans doute me » révéler l'avenir de la maison d'Orléans :

> De crainte à son aspect tous mon corps est glacé !
> De quel nouveau malheur suis-je donc menacé ?...

C'est un secret que tu dois ignorer, et ce jusqu'au jour où le coq français te chantera le réveil...

Au milieu d'un profond silence, l'ombre royale s'agite, et semble parcourir un plus grand espace.

> Vous me fuyez en vain, je m'attache à vos pas.

En effet, le prince avec un calme solennel, et sortant de la profonde stupeur dont il semblait frappé, ajoute :

> Oh ! ma mère ! oh ! comment vous exprimer ma joie ?

« On ne me trompe point en fait de sentiment, lui

» répond la Duchesse : *l'intrigue est découverte et le
» roman fini...* » Je viens cependant vous avertir qu'on
médite de vous attaquer. . . . .
« C'est en vous que j'espère, et pourtant :

> Votre amitié n'est plus digne de mon envie,
> Lorsque de votre estime elle n'est point suivie.

» Vous ne vous trompez pas, reprend aussitôt la
Princesse, je vais répondre à votre attente et vous dé-
voiler ce qui est, ce qui sera, et vous déclarer en même
tems quelles sont mes dernières et immuables volontés.

» Favorisée des dieux, j'ai reçu l'honorable mission
de me transporter sur ce globe terrestre, non pour déplorer la corruption du siècle, la destruction de ces
préjugés antiques sur lesquels reposait une monarchie
de quatorze siècles ; mais pour frapper davantage vos
esprits, et fixer d'une manière particulière votre attention sur l'esprit de parti qui vous obsède, et vous faire
envisager l'abjection qui naît souvent d'un grand malheur. On peut cependant immortaliser le malheur même
en en faisant sortir un exemple salutaire.

. . . .

. . . .

» J'ai laissé ma vie entre les mains de la vertu ; de cette
manière la mort ne fut pas pour Louise-Marie-Adelaïde
de Bourbon-Penthièvre, une passion, mais une action.
Éclairée par Minerve, je viens donc vous transmettre
es plus sages avis sur la grande question qui agite aujourd'hui la France. Bien qu'il soit téméraire de se porter caution, *d'après le dilemme que vous avez posé vous-
même...* Néanmoins, je me suis rendue l'organe de vos

intentions, et j'ai solennellement répété vos promesses.

» L'éloquence douce et persuasive de deux anciens ministres du roi Charles X (1), ont obtenu le double résultat de toucher à-la-fois les esprits et les cœurs. La cour céleste en a éprouvé une sensation douloureuse, au point de rejeter les erreurs du vieux libéralisme... et pourtant aux champs éliséens, on est à demi consolé des fautes des mortels ; mais on ne peut en imposer aux dieux :

> Quel désespoir soudain paraît vous accabler !
> Dans vos regards errans l'inquiétude peinte
> Annonce tout l'effroi dont votre ame est atteinte.
> Philippe, écoutez-moi !. . . . .

» La France serait bientôt le théâtre de toutes les calamités et des horreurs de la guerre civile ; la haine politique romprait alors les liens de la nature, éteindrait cette bienveillance naturelle qui entretient l'union parmi les hommes, et qui est l'ame de la société. La perfidie, la malice et l'éloquence insidieuse sont plus puissantes que la vertu timide ; de même, le zèle de la religion se mêlant à la fureur des factions, nourrirait le feu de la discorde, et formerait un embrasement général.

» Vos ennemis, mon fils, ne vous ont élevé si haut que pour vous séduire par cet appât, pour ébranler votre courage, pour corrompre votre fidélité et vous attirer dans leur parti. L'illustre nom de Bourbon est une tache originelle à leurs yeux, un prétexte pour se

---

(1) MM. de Châteaubriand et de Martignac.

venger. S'ils vous laissent un aussi beau royaume à titre de *feudataire*, c'est pour flatter votre orgueil aux dépens de leurs craintes. Vous régnez, Louis-Philippe! mais serait-ce sous leur bon plaisir?

» Votre autorité royale est impuissante pour maintenir cette unité d'action dont la nécessité est sentie pour assurer le repos de la France. La majorité de *vos sujets* n'a qu'une voix pour se plaindre, non sur vos honorables intentions, mais sur la politique que vous suivez. La tactique d'Albion, fine, adroite, souple par intérêt, aura-t-elle toujours de l'influence au sein de vos états? Le cabinet de Saint-James flatte votre révolution; il sent que les ressources du royaume sont immenses, et profite de la circonstance pour les épuiser et anéantir son antique splendeur. Vos nobles amis recueilleront tout l'honneur (comme un présent de leur sagesse, de la royauté du 7 août 1830); et si vous ne vous attirez l'amour des peuples, *l'unique appui du trône des plus grands monarques*, vous serez blâmé de vos alliés, et c'est sur vous, mon fils, que retomberaient la honte et la défaveur populaires.

» Je ne doute point que ce que je vais proposer ne révoltre trop d'ambitions; aux maladies désespérées, on n'hésite pas d'apposer des sinapismes violens, et le pilote menacé du naufrage, sacrifie prudemment une partie de ce qu'il a pour sauver le reste. Le seul remède donc pour la conservation de votre personne, de celle de vos enfans, de celle de vos états, serait de faire un appel à la France, d'éviter de vous entourer des pygmées opinionistes, qui pullulent près du pouvoir (et comme les actes sont à la taille des hommes, ils sont mesquins et sans portée); vous êtes donc obligé de lutter sans cesse entre les opposans, le devoir et le cœur.

» Mes sentimens et la dignité d'une maison souveraine me donnent le droit de vous parler ainsi. Prédestinée à la gloire immortelle ! je ne veux pas vous supplier comme Esther, prosternée aux pieds d'Assuérus, de sauver les restes du sang d'Israël. Seulement je vous déclare : que pour consoler mes mânes affligés, vous devez opposer la résistance à l'œuvre de la violence. Un autre devoir vous reste à remplir... sans cela les soupçons les plus odieux viendraient s'asseoir sur votre tombe.

> Ah ! c'en est trop ; mon cœur, de vos pleurs pénétré,
> Cède aux transports secrets dont il est déchiré ;
> La prudence se tait, la tendresse l'emporte.....

» Rassurez-vous, mon fils...... (*La duchesse d'Orléans calme d'un noir chagrin la sombre violence.*) Cependant elle reprend : « Si elle eût vécu en 1830, votre mère, la fille du vertueux, du respectable duc de Penthièvre, n'eût point supporté l'idée de s'appuyer sur le sceptre de la rebellion pour s'éviter tous les maux de l'exil (1).

» Prince, vous n'êtes point à l'abri d'avoir des *sujets perfides*. Chargé du poids d'une couronne que vous

---

(1) Cette admirable princesse aimait la France pour elle et non pour son budget. Nul doute : qu'elle n'eût plaidé la cause de sa famille ouvertement ; elle n'eût pu survivre à d'aussi grands désastres. Sa place est maintenant dans un monde meilleur, où la divine sagesse a décerné à l'auguste descendante de Louis XIV la couronne immortelle de la fidélité.

envient tous ceux qui vous entourent, il vous importe
d'éviter de prendre pour une réalité cette aurore de bonheur dont les Français commencent à payer votre zèle
et vos vertus. Roi par la grâce d'une *faction populaire*,
et non du peuple souverain, l'amour de vos admirateurs est aussi incertain que celui des batailles :

> Le destin fait les rois, agrandit les états,
> Mais s'il fonde un empire, il ne l'affermit pas.

» Plongé, depuis les désastres de Lyon, etc., etc.,
dans un torrent d'incertitudes, *voire* un souci mélan-
colique, cet esprit de prudence, de sagesse, de conduite qui vous distinguait comme duc d'Orléans, se
change aujourd'hui que votre tête est ceinte d'une couronne, en indécision, en hésitation, et même en impuissance.

» Vous craignez tout, vous n'espérez plus rien de
votre popularité. *La méfiance vous gouverne :*

> Qui ne peut se résoudre, aux conseils s'abandonne.

Cessez, cessez de regarder vos censeurs d'*un œil obli-
que* et courroucé, au contraire, veuillez ne les considérer que comme vos plus sincères, vos plus solides
appuis.

» Quelques-unes des sommités de votre gouvernement,
le front ceint des lauriers de juillet, sont gens résolus
et capables de vous livrer pour faire leur paix s'ils
étaient vaincus, ou de régner à votre place s'ils rem-
portaient la victoire. Maintenant ces petits géants, ces
insolens renégats *gloriosi!* dissimulent la perfidie de
leurs pensées et feignent de s'affliger sur la nécessité
(comme une combinaison utile et nécessaire) où vous

êtes de prononcer le bannissement éternel d'un vieillard et celui de ses fils (calculant déjà la décadence de la branche cadette, dont ils sont jaloux de partager l'héritage).

Toujours par quelque endroit fourbes se laissent prendre.

» Gardez-vous donc! oh! gardez-vous d'écouter leurs conseils, surtout de vous livrer à un avenir de considération et de bonheur, ni de faire illusion à la France, à l'Europe..... Vos aînés ont survécu à des malheurs plus grands que les tristes présages de juillet 1830 (car il y a deux manières de considérer le système politique de vos mémorables journées).

Maintenant on profite de votre circonspection naturelle pour vous forcer à vous enchaîner vous-même... Oh! mon fils! *Toute puissance est faible à moins que d'être unie.* Aussi apprendrez-vous trop tôt la fin de ce drame politique... En cas de guerre (car la guerre est très-possible! *malgré les assurances de paix*), vous aurez à-la-fois *l'Autriche, la Prusse, l'Espagne, la Hollande, la Russie* et même *l'Angleterre!* oui! *l'Angleterre!* Au milieu de vos beaux rêves de triple alliance pour soumettre le monde, il vous faut cependant redouter une fatale surprise, *une fatale alliance!*

En toute chose il faut considérer la fin.

» A cet effet, et par les ressources de votre génie, établissez vous un puissant patronage, non d'ambitieux prévaricateurs, ni des vociférateurs de tribune, mais de loyaux Français qui vous aideront à conduire avec habileté, avec persévérance et sans oppression, le vaisseau de l'état, et à amener un dénoûment si favorable à tous...

» J'aime à croire, Louis-Philippe, que votre ame doit éprouver une pénible sensation, que vous devez être bien vivement ému de ce qui se passe sous vos yeux. Un tel spectacle offert à vos méditations, doit en effet vous instruire. Il est prudent, il est humain de vous déclarer : que des mouvemens populaires s'organisent de toutes parts, que l'ostracisme est à l'ordre du jour. Les malheurs publics tournent toujours à l'avantage des ennemis de la monarchie qui s'enrichissent de ses précieuses dépouilles. Il est des Français que la tyrannie obligera de quitter leur patrie. Occupez-vous donc, *et dans votre propre intérêt*, de sa force, de sa fertilité et d'alléger ses charges! surtout, mon fils, respectez la religion révélée! et opposez-vous à la persécution de ses ministres (Bonaparte sut franchir cet écueil). S'il en était autrement, vous verriez s'évanouir vos espérances ; et comme la statue de Jupiter de la colline albanienne, vous *seriez frappé de la foudre.*

» Évitez la rigueur des proscriptions, le génie fécond des conspirations feintes, de même que le système des émeutes. *On n'en impose plus à ce peuple éclairé!* il ne verrait qu'avec horreur se renouveler ces jours d'effroi du règne de la révolution, où une foule de délateurs infâmes, sans foi, sans crédit, firent de la France entière une arène sanglante, et du vœu populaire des droits à l'échafaud.

» Ayez une volonté irrécusable et réfléchie pour enchaîner la révolte, pour empêcher les mécontens de vomir la mort de toutes parts : c'est là que les destins vous attendent..... Méprisez ces écrivains mercenaires qui chaque jour offrent à la vénération publique le gouvernement sorti des barricades, et forcent au silence les publicistes trop fiers pour vendre leur plume, trop probes pour composer avec leur conscience. Si vous montrez un caractère supérieur, vous vous rendrez tout-puissant auprès des troupes ; il n'est point de cabale séditieuse que vous ne dissipiez par votre présence, ni de révolte que vous ne puissiez assoupir. Choisissez des ministres sages, désintéressés, et qui ne soient occupés que du bien public ; dont les mœurs, la probité, les lumières, la prudence et la modération puissent faire excuser la faiblesse et pardonner à l'âge, et non des hommes, dont l'orgueil irritable et intolérant, capricieux, bizarres, optimistes, extraordinaires, des farfadets enfin, cherchant à fasciner l'esprit des peuples, en heurtant violemment leur croyance.

» Vous ne pouvez compter sur aucune ressource (de 1793, etc., etc.). De nouvelles barricades montreraient trop votre impuissance ; la politique de votre cabinet doit ménager et non flatter les masses. La garde nationale ne saurait être dissoute sans danger. En outre, entretenez l'union dans les deux chambres ; modérez, modérez l'élan de l'une, et tâchez (si faire se peut) *de donner de l'ardeur et du nerf à l'autre*. L'attitude du duc de Fitz-James, son éloquent discours *sur l'avenir de la France* est *effrayant de vérité*. L'épée de Damoclès serait-elle donc suspendue à la voûte de la royauté citoyenne ? Oui, mon fils !

... Par un zèle faux on prétend t'éblouir.

» Le nœud gordien de la pairie héréditaire vient d'être tranché par la *respublica dictatoris*, en attendant que l'un des premiers sujets, non d'un roi, *mais de la loi :*

> Ne mettant plus de frein à sa rage funeste,
> D'un sang qu'il a proscrit ne demande le reste.

» Le prestige populaire n'aura de force qu'un tems ; vous vivez à une époque d'exagération dans tous les genres ; votre gouvernement n'a aucun relief, même auprès des cabinets étrangers. Vous seriez sage, mon fils, de vouloir vous pénétrer : *qu'une dynastie déchue n'est point vaincue !* il lui reste toujours des fidèles ! Si Napoléon II conserve ses adeptes; hé! pourquoi Henri V n'aurait-il pas les siens ! ! !

» Quelle ame sensible ne serait point vivement émue, si on vous voyait éprouver la véritable soif d'une noble renommée, abhorrer l'adulation, ne rechercher que le règne de la justice et de la paix, savoir tout prévoir et prendre des précautions pour décliner des malheurs auxquels tout autre aurait été surpris? S'il vous arrivait de ces événemens imprévus et que la sagesse humaine ne peut atteindre, alors votre génie vous inspirerait des mesures si justes, que vous seriez toujours victorieux de la fraude et des factions.

» De même, par une généreuse résistance aux lois de sang, un Bourbon doit abjurer sa portion de souveraineté populaire, et savoir se conduire à la Louis XIV. Qu'il se garde donc de se laisser séduire par l'éloquence de ces paraphraseurs de tribune, qui abjurent leurs titres, escamotent un décret, etc. , etc. ; encore moins par les caresses des abeilles de cour, ni effrayer par la crainte. Qu'il oppose courageusement son véto *à l'œuvre régicide!* La sagesse avec laquelle il se conduira dans cette grave circonstance, peut faire pallier en quelque sorte le motif impérieux de son élévation au trône, et faire envisager sous un aspect de patriotisme royal le droit politique de la royauté de juillet.

» Alors, ne peut-il s'élever un cri général qui exprime à-la-fois l'admiration, et comprime la terreur et le désordre. La grandeur d'ame de mon fils le consolerait lui-même des maux que la *sagacité* des prôneurs d'une dynastie nouvelle ont dû lui causer... En creusant le tombeau de cette vieille monarchie, les prétendus régénérateurs de la France en ont été en réalité les désorganisateurs! *Patria! Patria!* une voix éloquente peut empêcher que l'on ne distribue à l'étranger tes lambeaux palpitans!

» Gardez-vous de croire que vous êtes possesseur d'une autorité réelle et du vœu unanime des citoyens; ne vous croyez point désormais au faîte de la gloire, à l'apogée de la puissance, ni en état d'empêcher les regrets! Non, vous ne connaissez qu'imparfaitement le mal ; il n'est pas à propos de porter le fer jusqu'au vif, de peur d'aigrir des esprits déjà trop ennemis et entiers dans leurs prétentions. Il faut réduire les uns par la force, et gagner les autres par la douceur. Apaisez les sourdes clameurs du peuple, non par de fallacieuses promesses, mais en le délivrant de cette charge excessive d'impôts. Remettez-en une partie pour faire acquitter le reste plus aisément. Sans cela, au milieu de votre sécurité il s'élèverait une violente tempête qui jetterait le réformateur de la charte de Louis XVIII en pleine mer, et vous ne feriez tous qu'un commun et désastreux naufrage.

» Le petit nombre des hommes éclairés qui n'ont point renoncé au culte des lois et voient, à l'aide du sang-froid, à travers le prisme de la vérité, les erreurs politiques, gémissent des conditions qui vous sont imposées. La plupart des provinces sont dans un si grand désordre, que personne n'est assuré de conserver son habitation naturelle. L'irruption d'une population irritée par la faim serait terrible. Les ouvriers sans travail se ligueraient avec les mécontens, et, semblables aux flots d'une mer en courroux, ils se chasseraient et se briseraient les uns les autres, viendraient se jeter sur les châteaux, sur les manufactures, et, s'ils se trouvaient les plus forts, ils contraindraient les propriétaires de se réfugier ailleurs. Où trouver alors un Zopire qui se sacrifierait pour sauver l'honneur de la révolution couronnée? C'est un effet de cette inquiétude qui souffre lorsqu'elle sent les autres en repos, soit par envie de s'emparer du pouvoir, soit pour se venger sur vous. La rebellion vous déclarerait la guerre, et mettrait en campagne une puissante armée. A cette qualité d'usurpateur on en ajouterait encore d'autres; si dans votre vie actuelle on ne trouvait point d'aliment à la calomnie, on remonterait à des tems éloignés, et l'on vous ferait un crime de comprimer dans votre cœur d'amers regrets et des souvenirs de famille. Mon fils, le titre de roi choque trop vos ennemis! Sous le déguisement de Saint-Simoniens, ils vous livrent déjà tout

entier au pouvoir d'astucieux frondeurs , de profonds
et avides ambitieux, restant tous plus occupés de leur
intérêt particulier que de celui de leur propre pays.
Le jeu de la bourse ne peut être qu'un thermomètre im-
parfait de l'état de vos finances ; le crédit s'épuise ,
l'armée s'affaiblit chaque jour, et vous ne pouvez man-
quer d'être vaincu..... Il faut en imposer à cette nation
aimante et belliqueuse , il faut beaucoup d'art , des
ressources , et surtout des succès... Ceux qui désirent
un protecteur unique, ceux-là qui dévorent par espérance,
par leurs désirs , l'empire du monde , sont de pâles et
quasi-Romains ! L'exécution de telles entreprises souf-
frirait plus de difficultés que leur mince génie ne leur
en laisse apercevoir, car bientôt ils feraient une triste
épreuve du contraire. En outre, l'Europe entière , voyant
la triste extrémité où serait réduit *un roi sans sujets* aux
prises avec l'esprit révolutionnaire , fondrait tout-à-
coup, comme un torrent dévastateur, sur la France ,
et l'engloutirait ainsi que ses provinces :

Omni malo, omni exitio pejor servitus (1).

» Tâchez donc d'opérer le bien, le tems presse. Dites
hardiment aux Seize qui vous environnent , de même
qu'aux officieux étrangers, qui feignent de désarmer ,
mais pour mieux vous surprendre : *Mon illustre aïeul,
le grand Henri, fut maître chez lui, quelquefois chez
les autres , ne m'en faites pas ressouvenir.*

» Ainsi donc, par cette victoire, vous vous rattache-
riez bien des cœurs , et pourriez employer sagement les

---

(1) L'esclavage est pire que tous les maux ensemble.

momens de la paix à faire fleurir les arts, les sciences
et le culte de l'Éternel… Le premier effet serait de changer la disposition des esprits et toute la face des affaires.
De même, en recouvrant votre indépendance, votre
pouvoir serait formidable, et surpasserait celui du
duc régent, sous la minorité de Louis XV; et, d'accord
avec votre conscience, vous sauveriez votre honneur
et augmenteriez votre gloire.

« Comme les rois de France sont les gardiens de
» notre histoire, Louis XVIII prit à son retour tout
» ce que l'histoire lui donnait de glorieux. » Imitez-le,
alors la renommée vous précéderait dans les camps,
la première nation du monde applaudirait avec allé-
gresse, et vous aiderait à humilier et confondre les ennemis de la royale monarchie.

Au travers des périls un grand cœur se fait jour.

» Si tout pliait en Europe sous la puissance et la politique de Napoléon, le grand règne est passé, l'illusion des succès est évanouie. Il ne reste plus aux Français que d'immenses souvenirs. Aujourd'hui les opinions
des masses sont mécontentes du présent; on viole ouvertement toutes les garanties… (La marche est maintenant tracée pour le but qu'on avoue); les temples saints
sont détruits (1), le délire de la piété s'exalte, l'écho

---

(1) Quoi donc, n'aurait-on pas renoncé au projet vandale de démolir Saint-
Germain-l'Auxerrois? Hélas non! *on est en train d'innover.* Si la basilique
gothique échappe à la destruction des iconoclastes (Saint-Simoniens) du siècle! Grâce en sera rendue aux généreux citoyens appelés à tenir les rênes de
l'état, et non aux dangereux ennemis de la royauté citoyenne, amis insensés,
courtisans en faveur, qui conseilleraient au chef de l'empire français de ren-

de la tribune a retenti : *Que les jours sacrés du repos ne soient plus fériés.* C'est un acte impolitique de votre gouvernement ; aussi la fermentation est à son comble, surtout dans le sanctuaire. Quoi donc , mon fils !

> Le culte saint, la paix et la simplicité
> Sont bannis du hameau comme de la cité.

Et vous ne craignez point une crise imminente! Un tel système ne peut que détruire le respect envers vous , et vous faire accuser de favoriser de dangereuses doctrines (1). Triste rémunérateur de la nouvelle France! vous ignorez encore le dénoûment de l'intigue dictée, non par un sentiment d'honneur, mais pour avancer la catastrophe et préparer votre chute.

» Je m'abstiendrai, roi de la charte de 1830, de commentaires sur les divagations et la raison politique qui pourraient vous forcer d'approuver en quelque sorte les déclamations de certains brouillons dont les discours parlementaires alarment les esprits (2). Examinez sé-

---

verser les temples consacrés au Dieu de ses pères. Ces incorrigibles (*ou crédules néophytes* de toutes les sectes) attendent, dans la tour de Notre-Dame, *dit-on*, le signal du beffroi, pour y proclamer l'avénement d'une république, la guerre civile avec tout son sinistre cortége. Hélas! hélas !

> Tant que d'un Dieu suprême on adore les lois,
> La pitié dans les cœurs fait entendre sa voix ;
> Mais quand un peuple impie outrage sa puissance,
> Alors elle se tait et voilà sa vengeance.
> DELILLE.

(1) Le culte Saint-Simonien.

(2) Car je vois les partis opposés se lancer des regards de haine et de mépris, comme s'ils attendaient avec impatience quelque cause de tumulte ou quelque prétexte pour s'attaquer mutuellement.

De même, j'ai remarqué dans vos délibérations parlementaires, ce ton d'aigreur et passionné, qui fait trop souvent de vos assemblées délibérantes, une arène où les législateurs descendent tour-à-tour pour se porter un défi, etc.

ricusement la situation du peuple que vous gouvernez, et la véritable opinion religieuse. L'exemple d'Albion, de cette Albion fière et superbe, dont vous imitez *servilement* les erreurs, et consacrez les principes (1), devrait vous guider et vous faire rejeter une mauvaise loi. Les jours de repos, en Angleterre, offrent un tableau touchant de respect et d'amour (2).

» Profitez de la véracité de mes observations. Ce n'est point un concert de doléances et de menaces, mais de simples conseils pour votre instruction : La main qui porte le sceptre français ne présente aux autres cabinets que de très-faibles garanties : vous pouvez tomber, Louis-Philippe ! Le mot fatal est prononcé ! Faites en sorte que ce soit dans un autre sens que l'amant de la

---

(*Voir* les séances des 3 et 5 janvier et la petite gentillesse de deux infaillibles échangeant leur cartel en généreux oubli). *Va-t-en voir s'ils viennent... Le peuple souffre des sottises de ces représentans.*

(*Le Petit Homme Rouge*, page 96.)

(1) « Les Anglais ne nous ont épargné ni le meurtre d'un roi, ni l'expul-
» sion du trône d'une race tellement française qu'elle se rattache au berceau
» de notre monarchie. »   ***

(2) L'office anglican est plus long que le bréviaire romain. « *Ils veulent de*
» *longues prières, disait la reine Élisabeth, il faut les servir suivant leur*
» *goût.* » Le dimanche est un jour solennel; les temples sont remplis, et les paroissiens, rangés près de l'orgue ou placés sur un amphithéâtre, font retentir les voûtes de leur chant. Ces prières sont suivies d'un sermon. Chaque famille est enfermée dans un banc clos de toutes parts, à la hauteur de cinq à six pieds. Ces bancs remplissent toute l'église, à l'exception de trois passages assez étroits, l'un dans le milieu et les autres dans chacune des deux ailes. Londres offre l'aspect d'une ville déserte (le saint jour du repos); le peuple circule silencieusement dans les rues d'Holbourn, de Cheapside, du Strand, d'Oxford, de Piccadilly, du Pall-Mall, au parc Saint-James, etc., etc. Dans l'intérieur de leur confortable les dames anglaises expliquent la Bible. Aucune réunion, ni fêtes, ni spectacles, le jeu même est défendu, etc., etc.

gloire; les Anglais se vengèrent cruellement sur lui du protectorat impérial; le roc de Sainte-Hélène est une leçon pour vous.

» Epargnez donc à la France de terribles perturbations, et *rendez à César ce qui appartient à César.* Alexandre, vainqueur de Darius, protégea sa famille; un Bourbon ne peut renier la sienne; le coq français doit-il flétrir le lis?

> Mais qu'entends-je? quels cris? quelles sont ces alarmes?
> C'est la voix de la guerre unie au son des armes.
> Le bruit redouble, approche, on peut être surpris...

» Né de la révolution, vous pouvez subir la tyrannie; mais non pas la flatter, encore moins voir de sang-froid outrager l'infortune. *S'il est prouvé que la haine et l'ambition font commettre des crimes*, vous devez avoir sans cesse devant les yeux l'image des malheurs de votre père, il paya bien cher d'anciennes inimitiés; il paya bien cher de sinistres erreurs! et ses sectateurs, les jacobins dévorateurs, ayant cessé de l'applaudir, lui ménagèrent la plus tragique de toutes les fins.

» La crainte d'encourir la haine de certains flatteurs dont la louange fausse et exagérée peut vous plaire et vous séduire, n'est qu'un commerce mensonger entre l'intérêt et la vanité, doit à la fin vous faire comprendre: qu'ébloui par la fortune d'un autre plus heureux, dont ils voudraient gagner les faveurs en lui portant votre tête, ils feront tous leurs efforts pour vous engager à mériter les plus sanglans reproches..... Vous voudrez justifier votre conduite, vous n'en imposerez à personne, vous vous trouverez placé sous les fourches caudines de la révolution.

» Mon fils, il est une Providence éternelle qui gouverne l'univers par de secrètes liaisons et un enchaînement de causes inconnues, mais déterminées de tout tems; chaque événement marche dans l'ordre prescrit, et achève le cours de sa destinée. Si l'arbre de Jessé doit voir dessécher ses branches principales, alors, Louis-Philippe, vous régnerez en paix, et le sceptre héréditaire passera d'âge en âge dans les mains de vos fils. Si l'Éternel en décide autrement,

« Un moment donne au sort des visages divers, »

vous serez forcé de vous résigner, et de reconnaître une main invisible qui renverse tous les projets, et vous laisse courir vers le cratère d'un volcan, que je voudrais vous faire éviter :

> Vos revers, si nombreux, sont comme autant d'avis,
> Qu'aux célestes décrets il faut être soumis :
> Suivre les mouvemens d'une aveugle vengeance,
> C'est follement vouloir combattre leur puissance.
> Cédez, et que le ciel soit enfin satisfait (1)...

» Le descendant d'un roi superbe et magnifique, pour qui le grand orgueil faisait la plus sublime vertu, souffrirait-il que vous possédiez son trône sans mettre l'épée à la main? Le véritable honneur d'un prince vient moins du rang que du mérite : un jeune Français ne doit souffrir aucun affront (2).

> On ne perd les états que par timidité.

» Il y aurait quelque chose de sublime, d'auguste,

____

(1) ***.

(2) Un grand ministre disait à un grand prince : « Sire, ne soyez ni prêtre, ni bourgeois, ni noble, soyez roi de France. »

d'admirable, si vous preniez la résolution de repousser cette loi qui condamne à l'exil Charles X et ses fils ! Comment sanctionner de sang-froid l'œuvre de la rebellion ? Si vous le faites, ô Louis-Philippe, vous serez taxé par les contemporains d'une ambitieuse témérité ; et je craindrais, malgré votre supériorité, que vous ne pussiez vivre en paix, en suivant d'autres erremens.

» L'exécrable anarchie est là comme un horrible sphinx, présentant ses énigmes, et regardant l'abîme ouvert sous vos pas. Que peut toute la sagesse humaine contre la trahison? L'envie a mille sortes de poisons que les gens de bien ne connaissent pas. Je voudrais que l'on pût dire de vous : « Sa loyauté n'est pas moins con-
» nue que sa valeur ; ceux-là se trompent qui attendent
» de lui la récompense de leur perfidie. Il hait le cou-
» pable autant que le crime; les traîtres n'auront pas
» de vengeur plus inexorable de leur infidélité... »

» En voulant changer la politique et le gouvernement, on travaille à vouloir détruire sa nation, et l'on jette toute les semences de la haine. On est trompé, on opprime, on est induit à des mesures hors de toute loi, de tout principe, de toute justice. Comment supporter l'immense responsabilité qui pèse sur une telle royauté? Elle aurait beau protester de la pureté, de la droiture de ses intentions et de la sincérité de son patriotisme, elle sera poursuivie au milieu de sa sécurité; elle apprendra que le renversement d'une dynastie légitime est la cause de sa ruine :

> Après tant de combats, de travaux, de revers,
> Faudra-t-il vous résoudre à demander des fers,

> Ou, préférant la mort, suivre votre courage,
> Continuer la guerre et défier sa rage?
> Louis-Philippe, parlez.

» Sans vous demander aucun compte de votre conduite passée, de vos opinions politiques, mue par un sentiment d'honneur commun aux Bourbons, je vous interpelle de me déclarer comment il se fait que vous ayez pu vous laisser approcher par l'intrigue, *la honte et le malheur de l'état?* De plus, effacer de l'écu de France ces lis, ces nobles lis, héritage de vos preux! c'est une manœuvre impie des *Parias* de la civilisation moderne. Par qu'elle soudaine lumière avez-vous pu voir qu'il fallait les faire disparaître de votre palais, les effacer de votre blason? O mon fils! vous connaissez ce qui s'est passé, ce que peut une révolution. *Elle vous prend par la tête : on est toujours son obligé.*

» L'arbitre souverain qui dispose des couronnes, vous a peut-être réservé à vous immortaliser par une grande, par une héroïque action. Oh! qui que tu sois, garde-toi d'avoir la témérité, et *sans frémir,* de proscrire trois générations à-la-fois!!! Si les destins ramènent en France les descendans de Louis XIV, oseriez-vous ordonner leur déportation dans le gouffre de Cayenne, ou les ensevelir vivans dans les déserts de Sinamary? Non, Louis-Philippe, non, mon fils; votre devoir eût été de dire, dans une grave circonstance, à celui qui vous nomma son frère :

> Quand j'ai su ton exil sur ces rives lointaines,
> Ma tendresse a prévu tes périls et tes peines;
> Je t'ai vu seul, errant, d'ennemis entouré :
> Quel douloureux tableau pour mon cœur déchiré!

Je vole sur tes pas, je viens contre l'orage,
Par mes faibles efforts seconder ton courage ;
Je viens te consoler en partageant ton sort (1).

» Si j'étais mortelle, je vous parlerais à l'oreille ; mais, inspirée par Minerve, je vous déclare ici la vérité.....

» C'est une étrange chose pour un prince délicat (de niveau avec les créateurs de son pouvoir éphémère), d'être contraint *et forcé* de suivre une basse et indigne profession de foi, et de diriger sous pareille influence sa barque populaire dans ce triste univers. Non, il n'est point au pouvoir de la fortune, de la violence, de l'injustice, d'outrager la vertu. Il y aurait un sentiment de politique, de convenance, de pudeur et d'humanité d'accueillir avec munificence les nobles exilés : cette circonstance avertirait l'Europe entière que vous êtes demeuré étranger à leurs maux... Le ciel veille sur les bannis d'Holy-Rood, et le stylet d'un Louvel (2) ne saurait les atteindre. Pourtant ils seront menacés...

» Quand d'astucieux rapports, l'injustice et la calomnie attaquent leur réputation, ta mère prend leur défense ; elle justifie leurs intentions. Leurs hautes infortunes furent l'œuvre de ceux qui t'encensent aujourd'hui, qui pendant quinze ans ne cessèrent de conspirer contre eux... Écoute encore. Le colosse chancelle ; les progrès de l'opinion publique assurent : *que la pitié succède à la colère, dans le cœur des Français.*

---

(1) ***.
(2) Assassin du malheureux duc de Berry.

» Si cet autre Édouard se présentait un jour à toi ; si l'héritier de l'infortuné duc de Berri te disait : « Le » petit-fils de Charles X vient vous demander du pain » et un habit. Vous portez ma couronne, mais je vous » crois assez de vertu pour ne pas abuser de ma con- » fiance et de mon malheur. Prenez les misérables vê- » temens qui me couvrent, gardez-les ; vous pourrez me » les rapporter un jour dans ce même palais des Tui- » leries , où la terreur élève des remparts ! »

Que répondrait mon fils ? que répondrait Louis-Phi- lippe ? surtout si le jeune banni ajoutait :

> O toi que j'ai toujours regrettée et chérie,
> Doux objets de mes vœux , terre de ma patrie ,
> Je ne te quitte plus, quels que soient mes dangers,
> Je ne veux pas mourir sur des bords étrangers.

» Que le ciel préserve le pauvre Henri de recevoir le diadême d'une main étrangère ; mieux vaudrait pour lui en appeler à la France, à cette généreuse France, dont le nom fait trembler les puissances étrangères, et dont le courage enchaîne la victoire.

» La nation est attachée à la dynastie de ses rois. La nation est sensible aux revers et aux malheurs qui les accablent. Viens, Henri, viens plaider toi-même ta cause en plein sénat ; le ciel peut faire connaître qu'il te protége ; viens , Henri, viens dans un jour solennel parler aux Français assemblés ; tu les toucheras géné- ralement :

> On a peine à haïr ce qu'on a bien aimé ;
> Et le feu mal éteint est bientôt rallumé.

» Tu pourrais exprimer des vérités énoncées d'un ton

si expressif, que mon fils lui-même, serait forcé d'admirer les vicissitudes du destin, qui ferait sortir le bien du mal, et qui le rendrait (*s'il voulait m'en croire*) l'instrument de la volonté des maîtres de l'Olympe...

> Il est jeune, il est vrai ; mais aux ames bien nées,
> La valeur n'attend pas le nombre des années.

» C'est un conseil hardi, téméraire, que je viens d'émettre, mais il est salutaire pour tous. C'est l'amalgame singulier de l'avenir et du présent. Constante dans mon amour pour Louis-Philippe, j'ai dû lui révéler toutes mes pensées, et prouver à l'Éternel que je m'en acquitte. Le coup terrible et salutaire que je veux porter en définitive, retentira peut-être jusqu'au cœur de mon fils.

» En Angleterre, *on continue à férier le jour correspondant au* 16 *février* 1649, et la loi du 19 janvier 1816 est rapportée *en ce qui concerne la commémoration du* 21 *janvier* 1793 (1). Roi des Français, c'est en vain

---

(1) Si l'Angleterre donna, il y a plus d'un siècle, à l'univers étonné, le spectacle affreux d'un roi jugé et mis à mort par des sujets rebelles, l'église anglicane a consacré à l'honneur de Charles 1er une fête annuelle, et établi un jeûne général avec un long office. En expiation de la mort de ce prince, on prie Dieu de ne pas redemander à l'Angleterre le sang de ce roi, qui, marchant sur les traces de son divin maître, est mort en priant pour ses assassins et pour ses bourreaux. Ah ! laissons agir le tems, la cruelle vérité s'est échappée de ma bouche... Il suffit à l'immortalité de Louis XVI, de prier pour des fils ingrats..... Tremblons à la vue des excès auxquels se porte l'esprit des mortels, qui, sous le prétexte, toujours faux et trompeur, de procurer au peuple la liberté et le bonheur, viendront un jour proposer à leur maître, non de déplorer douloureusement la triste catastrophe de ce royal infortuné, mais de revêtir les emblêmes de la faction. Ils planteront au milieu de son jardin de plaisance, l'étendard de la révolte, en venant l'assiéger dans son propre palais.

que vous essaierez de dissimuler au monde ce que vous êtes forcé de vous avouer à vous même !...

» Ce n'est pas tout : fut-il jamais d'oppression plus marquée? on vous conduit ainsi à l'impiété par le mensonge, à la violation de tous les principes civils et religieux. *Par convenance*, vous devez honorer ce qui est honorable, et ne pas vous laisser surpasser par les Anglais.

L'histoire, à laquelle appartient le nom des juges de Louis XVI, ne les déclinera pas moins, et le domaine sacré de la conscience aurait dû vous prescrire d'élever vous-même un monument expiatoire à l'auguste victime (1), et vous associer aux grandes douleurs d'une famille qui savait pardonner :

Par d'illustres efforts les grands cœurs se connaissent.

Louis-Philippe ,

Pour n'être point trahi, ne soyez point ingrat.

Vous seriez surpris d'entendre cette multitude de re-

---

(1) .... La majorité des habitans de Paris fut étrangère aux perfides menées des bourreaux de Louis XVI. Au lugubre 21 janvier 1793, chacun se regardait en silence et se contentait de gémir. Dans ces pénibles instans d'un deuil aussi général, personne n'osait laisser soupçonner sa pensée. Les vœux les plus ardens pour le salut du bon roi restaient muets au fond des consciences épouvantées... Honorables Parisiens, « *celui qui par-* » *donna de tout son cœur à ceux qui s'étaient faits ses ennemis, sans* » *qu'il leur en ait donné aucun sujet, et prie Dieu de leur pardonner, de* » *même qu'à ceux qui, par un faux zèle ou par un zèle trop mal entendu,* » *lui ont fait beaucoup de mal,* » mérite un monument expiatoire. Louis XVI l'obtiendra; une souscription honorable en soldera les frais. Il est parmi les dames françaises, des *miladi Fairfax*... Et la statue équestre du roi martyr

proches que l'animosité porte peut-être au-delà du vrai.
Tu succombes déjà sous les traits de l'injustice, de
l'ambition ; que dis-je, sans doute de la plus infâme
calomnie :

Le monde est médisant, vain, léger, envieux.

» La sensation pénible qu'a produite en Europe ce
procès dont la gravité épouvante et scandalise la France, le monde entier a retenti jusque dans l'Olympe, et
devait y retentir ?... Les détails font tressaillir d'horreur. Ce drame est une terrible leçon pour les coupa-
bles (si tant est qu'il en soit). Aux dieux seuls appartient d'exercer la vengeance!... L'Éternel affirme qu'il
doit en rejaillir tout ce qui déshonore. L'ombre ma-
gnanime du dernier des Condés s'indigne au mot de
suicide ; elle reste calme et grave à celui de *violence*.
Le duc de Bourbon s'est engagé à signaler ouvertement
le nom de ses bourreaux ! il va tout révéler ! ! ! ! ! (1)

.. .. Il est donc des forfaits
Que le couroux des dieux ne pardonne jamais.

» Tout ce que je puis dire pour éclairer ta conduite,
et non m'étudier à te tourmenter, c'est que si le sang
de la branche aînée doit succéder à la couronne, ni toi,

---

sera placée sur le terrain où sa tête auguste et sanglante fut montrée en spectacle. O Louis ! si tu reparaissais au milieu de nous, quels seraient ton étonnement et peut-être ta douleur...

(1) *L'Ombre de S. A. R. Monseigneur le prince de Condé, à son filleul, le duc d'Aumale, né d'Orléans, ne peut tarder de paraître, de lever*
bien des doutes, et d'autant plus que l'auteur nous promet de piquantes et
curieuses révélations. Cet ouvrage est sous presse.

ni tes flatteurs ne pourront l'empêcher. Le Français est léger, le Français est généreux, mais difficile à gouverner. Déjà même il murmure, et se voit à regret enlever ses jouissances (1). L'heure suprême du courroux populaire peut sonner... Quelque grande que soit votre sagesse, elle s'est trouvée *au-dessous de la tentation ;* et la gloire de l'immortalité que je viens vous offrir, doit vous faire tout d'un coup oublier que vous êtes mortel. Sans cela, mon fils, ta mère serait inconsolable des malheurs qui fondraient sur toi :

Persister dans sa faute est horrible et funeste.

L'oriflamme français doit être ta bannière ; le glorieux panache du Béarnais ton point de ralliement ; *ventre saint gris* le mot d'ordre des braves, et guerre à l'étranger s'il osait, par ruse ou force ouverte, menacer..... envahir... Une feuille, et c'était un passage de l'*Iliade*, vola dans les airs : avait-elle surgi du sombre Ténare ?

Fourbe adroit qui voudrait dans sa mobilité,
Paraître ami du peuple et de la liberté !
Plus que nous tu flattas ce roi dont ta bassesse
Préconisait les droits, exaltait la sagesse.
Dis pourquoi te vit-on, perfide adulateur,
Lui payer le tribut de ton culte imposteur ?
Sous un faux dévoûment, déguisant ton audace,
Tu voulais le frapper et t'asseoir à sa place.

---

(1) Murmures doubles, triples murmures, reconnaissance d'un droit. (Le jardin des Tuileries est au peuple, etc.) Somme toute, c'est une petite compensation pour nous pauvres et bénévoles contribuables, de pouvoir nous dire : au moins, jouissons-nous du plaisir délicieux et divin, surtout pour des Français, de fronder ouvertement les *goûts de la royauté citoyenne*, et de se dire : le bourgeois de Neuilly (de son palais) entendra nos chansons.....

» Roi populaire, la Providence n'a jamais abandonné la France. La politique insidieuse des hommes du moment joue un rôle à double face. On te caresse jusqu'au jour où on pourra te dévorer. Garde-toi d'écouter désormais des conseils de méfiance et de haine. Contribue plutôt à une réhabilitation éclatante envers ta famille. Dis au malheureux frère de Louis XVI, dis à cet infortuné Charles X :

> Écartons du passé l'importun souvenir ;
> Que dans ce cœur flétri l'espoir renaisse encore.
> Voyez d'un jour plus beau briller la douce aurore ;
> La patrie et l'honneur, un ami généreux,
> Un fils, le ciel encor peut tout rendre à vos vœux.
> Vivez... (1)

» Dis à cet ange terrestre, à cet ange qui prie pour toi, pour tes enfans, pour sa patrie, et voudrait apaiser les tourmens de la faim (2) :

> Pour garantir vos jours, à tous si précieux,
> Je voudrais un moyen qui ne fût pas douteux ;
> Indigné que le sort vous soit toujours contraire,
> Afin de le changer, je suis prêt à tout faire (3).

» Et cet enfant, ce cher enfant, dont l'alliance et la satisfaction devaient être égales des deux côtés. S'il ne peut former le plus léger désir à cet égard, au moins

---

(1) ***.

. (2) Fille des rois, le courage ne te fut jamais étranger ; par lui tu t'es montrée supérieure aux événemens ; tu as mérité l'application de ces paroles sentencieuses : « Rien n'honore plus l'homme que des malheurs soutenus avec » constance, et des sentimens *supérieurs à l'adversité.* »

(3) *Juba.*

serait-il glorieux et rassurant pour tous. Ici, *je le promets au nom de l'Éternel :*

> Quand le ciel sur sa tête aura mis la couronne ,
> Tu seras de l'état la seconde personne.

» L'union de Caroline avec l'un de vos fils eût peut-être comblé les désirs des Français :

> Philippe, ce serment est pour moi trop sacré ;
> Les dieux en sont témoins, ils me l'ont inspiré ;
> On ne leur donne pas vainement sa parole.

» Reçois ces derniers avis de ta mère, et crains de l'offenser. Paix à ses cendres ; paix à toi-même. Garde-toi, ô mon fils, des canons de Vincennes ; surtout : « *quand le triste sifflement de l'éclair viendra accompagner les sourds mugissemens du tonnerre..... »*

> Le mortel qu'un moment l'erreur sut égarer,
> Par de nobles regrets peut encore s'honorer.
> Au pardon de sa faute il a droit de prétendre ;
> La patrie, ô mon fils, est une mère tendre ;
> Ses bras furent toujours ouverts au repentir.

» J'en appelle aujourd'hui à *la révélation.* » L'ombre auguste s'arrête à ces mots ; elle fixe, elle encourage le roi des Français, et lui remet un talisman précieux ; ensuite elle m'impose le devoir *dangereux* de publier son apparition au château des Tuileries, y ajoutant mes propres réflexions. J'ose me permettre de décliner le nom de M. Persil. L'auguste princesse m'interrompt vivement ; un sourire amer erre sur ses lèvres : « On médite vos » ouvrages ; le voile qui couvre vos ingénieuses et inno- » centes fictions est en partie levé! Continuez d'opérer » le bien ; faites naître le remords ; provoquez le re-

» pentir!... Un procès insensé, une condamnation déri-
» soire, seraient, pour l'auteur de l'*Ombre de Henri IV*
» *au palais d'Orléans* (1), un brevet d'honneur, *voire*
» même immortel. Écoutez-moi, Mlle Le Normand : *Ser-*
» *vir sa patrie n'est point un devoir chimérique, c'est une*
» *obligation sainte.* Persévérez donc dans vos louables
» et si utiles travaux, et·ce jusqu'au jour... » Elle dit,
et un nuage d'azur formant un trône éblouissant, l'en-
veloppe de toutes parts et la dérobe à nos yeux étonnés.

Louis-Philippe est immobile ; Louis-Philippe est accablé ; cette vision l'afflige et l'épouvante. Où trouver
un sage, un très-sage, un Joseph enfin, pour la lui expliquer ? Il gronde, il supplie, il appelle. Les abeilles
de cour bourdonnent autour de lui. On remarque sa
profonde terreur. Les hommes d'état, les champions de
sa royauté, les dictateurs de l'opinion publique, sont aux
abois et prévoient, pour cette année 1832, d'effrayantes concessions à la démocratie (2) ; les flatteurs du

---

(1) Il serait impossible de vouloir réfuter la véracité des prédictions contenues dans cet ouvrage. On peut dire hardiment aux plus incrédules : « Voyez et jugez. » Depuis le 1er janvier 1830, le moindre événement y est prévu : le sceau de l'état brisé, l'entrée des Français en Belgique (ou trois rois pour un devaient s'y succéder : le régent, le duc de Nemours, le prince Léopold). Le roi citoyen assiégé dans son propre palais, etc., etc., etc. *L'Ombre de Henri IV au palais d'Orléans* est une révélation.

(2) Si le gouvernement veut éviter la guerre universelle et la république, il doit casser la chambre aussitôt après le budget, appeler une troisième assemblée qui sera, sans aucun doute, une assemblée monarchique.

.Si le gouvernement s'obstine à rester en face d'une minorité aussi dangereuse, et qui s'est mise en état d'hostilité flagrante, il peut avoir une Convention même dans cette chambre..... L'Hôtel-de-Ville n'est pas loin du palais Bourbon, et M. de Lafayette a déclaré : « qu'il y avait *attentat* de la part sceptre de juillet, et les favoris du saint-simonisme, accourent en foule au palais pour offrir leur encens au roi-citoyen, et conjurer sa ruine *par leur tactique habile et l'apologie ministérielle.* Cette représentation tumultueuse, me rappelle cette cour noble et brillante qui a si puissamment contribué à civiliser le despotisme *et à préparer la liberté.* C'est là que j'ai vu Napoléon dans toute sa gloire, Louis XVIII dans tout son éclat, le malheureux Charles X penchant vers son déclin (1). J'ai vu un *quasi* retour à l'ordre pour la royauté citoyenne, et pourtant Louis-Philippe, ne tient point le fil d'Ariane et doit craindre de s'égarer. Il verrait s'il n'y prenait garde : « *Se renouveler du midi au nord de la France, les funestes événemens de Lyon : la cité reine surtou offrirait un tableau de crimes et de désordres. Sa métropole serait profanée : Paris, en armes, verrait tomber des têtes, et Paris serait consterné. Le triumvirat de l'anarchie d'accord avec les passions, demanderait bientôt à l'autorité expirante* (2) *combien il faut de victimes pour lasser un bourreau.* »

. . . .

» du gouvernement contre la royauté de juillet. La guerre universelle et la ré-» publique sont inévitables dans les voies où l'on est placé. » (*Gazette de France,* 10 janvier 1832.)

(1) Dans *l'Ombre de Catherine II au Tombeau d'Alexandre I*er, ouvrage publié en janvier 1826, j'ai annoncé les malheurs de la branche aînée des Bourbons. J'ai précisé, sous le voile de l'allégorie si *facile à saisir,* leurs touchantes infortunes. J'ai tout fait pour me faire comprendre et les faire éviter. L'avénement de S. M. Louis-Philippe Ier y est clairement prédit. Une partie des choses qui y sont écrites se sont déjà vérifiées, en attendant l'accomplissement des autres.....

(2) Les soucis ont remplacé les lis.　　　　　(*Figaro.*)

L'excès du malheur donnera l'excès du courage, l'être le plus faible pourra dans son désespoir exécuter les choses les plus difficiles.

Le jeune roseau plie, sans succomber sous les efforts d'un vent impétueux (1); il en est de même de l'homme qui s'humilie en présence du Tout-Puissant.

La plupart des états de l'Europe seront menacés d'une subversion délirante. Mars doit les protéger. la Belgique doit finir par devenir le théâtre de sanglans combats. Orange reparaît; le coq français chantera de nouveau aux portes de Bruxelles (2); mais l'aigle fera loi. Albion, ton bill te frappe droit au cœur (3); gare

____

(1) Tous les élémens seraient-ils conjurés contre un faible roseau? Ce faible roseau pourra-t-il résister à la fureur des autans qui soufflent sur lui? On devrait surveiller et écraser une bête venimeuse qui ronge ses racines..... Écoutez : *les vieux trembleurs sont en proie aux superstitions.*

(*Ombre de Catherine II au tombeau d'Alexandre I*^{er}*. Paris,* 1826, 1er janvier.)

(2) La Belgique opprimée fera un retour vers la France. Le coq belliqueux battra des ailes, emmenant au combat l'élite des soldats. Il chantera aux portes de Bruxelles, où *trois* pour un pourront s'y succéder... Orange, Orange, etc., etc., etc. (*Ombre de Henri IV au palais d'Orléans,* 1er janvier 1831.) Que dire de cette prédiction? Voyez où en sont les choses actuelles; la réalité de ce qui s'est passé, peut faire juger en somme de ce qui peut advenir.

(3) Tout autour de l'enceinte de la Bourse de Londres règnent des niches dans lesquelles sont placées, d'après leur ordre de succession, les statues de tous les rois et reines d'Angleterre. La statue de George IV a été placée dans la niche qui l'attendait : on prétend qu'il n'y en a plus qu'une de vacante. On se rappelle qu'aux obsèques de Louis XV, les caveaux de Saint-Denis se trouvèrent pleins, et son successeur fut témoin de la révolution. Une coïncidence si extraordinaire devrait suggérer des réflexions à l'imprudent auteur du bill de la réforme. L'Angleterre est sur le cratère d'un volcan; il n'est plus tems de combattre quand la victoire est exclusive. A Rome, l'empire était mis à l'encan sur la place publique. Le parlement anglais, en caressant

la légitimité. Révolte à outrance sur sept points capitaux. L'Écosse et l'Irlande en fermentation. Evénement plus que surnaturel ; il doit changer la direction des vents..... Le port d'Anvers ne saurait devenir un second Gibraltar.....

Albion maîtresse du monde. La maison de Nassau vaincue en 1830 ne saurait-elle vaincre à son tour en 1832, etc. Souveraine Albion, prends garde à toi. L'Anglais murmure, et le feu grégeois qui menace d'incendier ma malheureuse patrie peut retomber sur les auteurs de ses maux. Riche et trop puissante Albion, nouvelle Carthage, qui te répond de ta sécurité ? qui te répond qu'un Cromwell ne naîtra pas au sein de ton empire ?

Le tems est un grand maître, il règle bien des choses.

La Russie est sur le point de s'affranchir d'un joug obligé ; le Brabant est placé sous son puissant patronage. L'autocrate du nord hait les services offerts à de gros intérêts. Je le vois, il approche ; l'aigle prussien prend son vol, et se montre au Germain. O France ! réveille-toi ; réveille-toi, te dis-je? Le coq gaulois serait-il humilié? Quoi donc? des millions, et toujours des millions ! Law a donc reparu? Les banquiers étran-

---

le bill de la réforme, s'approche insensiblement de la pairie viagère ; et dans un moment difficile, l'opulence et la haute position sociale seront de vains titres pour ceux de la classe inférieure. La véritable aristocratie du pays doit rejeter, ou définitivement ajourner, l'œuvre qui tend à troubler la sécurité de l'Angleterre et le repos de l'Europe. Mais... Albion ne saurait conserver l'ombre d'un doute ; elle est trop habile pour attendre l'accomplissement du reste... etc., etc.

gers ont des obligations aux vainqueurs de juillet ; l'or circule au Pactole européen , et l'Amérique est là. Un tel état de choses est-il supportable? non ; mille fois non ! *la bourse est le jeu de l'épée ,* et la conférence joue au roi détrôné. Ombres du grand Henri, de Louis XIV, de Napoléon, où êtes-vous? Chassez donc ces agioteurs de Lutèce, et guidez les Français au chemin de l'honneur. Louis-Philippe, régnez ; mais gardez-vous de croire que vous pouvez braver l'inimitié du monde entier. La gloire, la gloire de cette France si belle, si courageuse, si admirable, *le pavois élevé par le peuple serait-il même renversé par le peuple ,* qu'il n'en serait pas moins vrai que celui qui nous commande aujourd'hui, peut gagner le laurier, et s'éviter la retraite obligée...

L'Allemagne conserve avec soin un otage précieux ; cet otage ne saurait être toujours enchaîné : l'aigle à la fin prendra son vol. Le nœud gordien sera tranché par l'épée d'un nouvel Alexandre, demandez-le plutôt au Sully de l'empire germanique. Il pointille la carte de France ; mais avec trois réserves... *Italia , Italia ,* sept fois malheureuse *Italia !* Que veut cet étranger? il monte au Capitole : s'il est proclamé César , Brutus s'apprête à le frapper. Grégoire XVI, ton règne offrira ce que peut le courage, ce que peut la vertu. Rome , ô Rome ! serais-tu menacée?

Des phalanges victorieuses franchiront les Alpes. Le Piémont et la Suisse n'auront à leur opposer que de faibles remparts. Malgré le courage et les promesses, il serait à craindre que la lassitude ou la trahison ne se fît jour du côté du Rhône, et ne préparât la ruine de diverses cités.

Frédéric-Guillaume voudrait conserver la paix; le génie de la guerre lui fera-t-il frapper des coups dont l'un serait mortel. O braves! ô braves! Saturne est en courroux.

L'Espagne est préparée. Qu'elle se tienne donc en garde : on conspire ouvertement contre elle. Si Riego est mort, ses admirateurs attendent le signal. L'ennemi vise à Madrid.

Don Miguel arrange sa partie contre don Pedro ; le Scandinave observe ; le Danois l'imite ; le Bavarois réfléchit ; le Wurtembergeois tient l'enjeu ; le Badois écarte ; l'Anglais triche *la charte de juillet* ; l'Allemand a le point ; le Russe l'emporte ; le roi de Hollande joue en brave, à découvert ; mais le Français, et surtout s'il calculait sa véritable force, *aurait quinte et quatorze.*

Et malheureusement pour tous, il n'en sera point ainsi. Une ligue secrète et formidable est formée con- t e la patrie des dieux. La France sera menacée sur quatre points différens. Les villes crieront merci, voileront leurs drapeaux ; le Midi s'agitera ; la Provence aura deux fléaux à-la-fois ; le Nord sonnera le beffroi. Lille et Valenciennes seraient-elles menacées ? Lyonnais, Bordelais, Marseillais, etc., etc., soyez Français ; la métropole ne devra sa conservation qu'à l'énergie, qu'à la prudence, et non à ses *fortifications manquées* ; trouble dans un palais. Découverte unique, la police sur pied. *Attention!* Adieu, France, j'emporte mes trésors..... Conspirations sur conspirations ; Bastille nou-

velle ; les républicains maîtres encore une fois de Lutèce ; trois comités pour un ; ministère renversé, ministère renouvelé ; l'œuvre de juillet demandée à la
barre ; barricades sur 19 points, barricades renversées.
Dévoûment héroïque d'une femme ; d'honorables citoyens l'imiteront ; *le mal ardent* atteint indistincte-
ment le pauvre comme le riche ; neuf chênes élevés
seront frappés de la foudre des dieux. Abdication commandée. La couronne serait-elle offerte au plus digne ?
Alger ! Alger ! le grand visir commande ! Napoléon II.
Étrange révélation, rien ne reste impuni. Testament olo-
graphe trouvé dans des archives, renversera les plus
belles espérances. Jugement de Dieu ! Haro sur l'impos-
ture ; trésor conservé à la poule, à ses poussins. Grande
rumeur en Bretagne ; la Normandie menacée ; la Loire
ensanglantée. Paix, paix ! respectez le pouvoir, ou craignez l'anarchie ; une fédération commandée, un serment imposé. Juges de nouvelle création (la presse aux
abois) ; révision d'un procès scandaleux (1) ; une quasi
convention ; les bonnets auront pris leur revanche. Affluence au Louvre, affluence aux Tuileries ; les Gaules
en émoi ; la cloche de minuit ; les femmes se croiront
appelées à gouverner l'état. Visite au roi de France ;
objet de terreur pour ceux qui veulent extirper sa race.
Soulèvement partiel, soulèvement général ; que de sang
versé sans parvenir au but. Les temples assiégés ; d'au-

____

(1) Un procès d'éclat exaltera les têtes et portera la conviction au plus haut
point. *Le revenant* (le dernier des Condés) *tentera d'établir sa complète
justification.*

(*Ombre de Henri IV. Paris*, 1er janvier 1831.)

tres détruits. Le manoir royal menacé, le crime encouragé. On craindra de regarder en arrière. Fuite précipitée ; le pied manquera de chaussure. Révélation d'un mort proclamée dans la capitale des Francs. Congrès des peuples ; congrès des rois ; apôtres fustigés, enchaînés. Le vieux Louvre occupé. Empereur des deux mondes. Que de maîtres à-la-fois !

Console-toi, héroïque Pologne, et ne te fie plus aux promesses des hommes ambitieux ; ton courage t'a fait des amis, au sein même de tes ennemis ; le tems seul peut cicatriser tes nombreuses blessures, et le règne des lois réparer de grands maux. Polonais, la patrie vous rappelle. Polonais, le pain de l'émigration fut toujours amer. Polonais, l'ombre du grand Sobieski veille à la garde des tombeaux de vos pères, de vos femmes, de vos enfans. Varsovie est veuve de ses braves. Heureux celui qui peut refuser le festin de l'étranger, pour venir se rasseoir au banquet paternel. Peut-être un jour... la Pologne recèlera dans son sein un envoyé des dieux, et ce royaume peut être recréé (1).

Pour consolider la royauté de juillet, des émissaires ont été dirigés sur plusieurs points ; nous avons éludé ce que nous ne pouvons guère empêcher. La France est

---

(1) L'autocrate de toutes les Russies conservera-t-il à sa triple couronne l'un des plus beaux fleurons prêt à s'en détacher?... *Sanguis, sanguis!* La *Sibérie est là.* (*Ombre de Catherine II au Tombeau d'Alexandre Ier. Paris, 1er janvier 1826.*) Hélas ! les désastres de la malheureuse Pologne étaient très-clairement prédits... Il est encore annoncé : *que, lorsque l'épée flamboyante et le trésor seront recouvrés à Cracovie, Poniatowski aura un successeur.* Il se pourrait que cette héroïque nation fût favorisée par la Russie, d'un descendant des Jagellons, d'après l'ultimatum des dieux...

fatiguée de vaines promesses, d'odieux mensonges ; elle succombe sous le faix des impôts , des arrestations arbitraires, des procès , des amendes , etc. , et pourtant elle peut, par sa noble et courageuse attitude, en imposer à ses nombreux alliés devenus ses ennemis. Il ne faut que s'opposer aux ravages de l'hydre révolutionnaire, aux progrès de cette fièvre délirante, menaçant de tout dévorer, de tout engloutir. L'apparition d'Arminius... semblerait annoncée (1). Louis - Philippe Ier peut maîtriser ce grand mouvement, surtout si Joas reparaît (2). Telles sont les inspirations de Minerve ; tel est le contenu des avis de la céleste déesse, lancés du char de Mercure et trouvés par l'auteur, le 31 décembre 1831 , au jardin des Tuileries.

. . . .

. . . .

Et Noël Olivarius (Dieu-Donné), dans le septième feuillet de ses Révélations, s'exprime ainsi :

Ilec roi de France de 1832, voire 1834, même avant,

---

(1) On craignait le lion ; il sera garrotté ;
De ses ennemis même il sera regretté.
Bientôt un lionceau sortira de sa race ,
Qui d'exemples fameux suivant la noble trace ,
Réunira le Nord sous son noble étendard ,
Quoiqu'il semble d'abord se tenir à l'écart.
C'est Thomas qui l'a dit : la chose est infaillible.

(*Château périlleux* , page 190, vol. II.)

(2) La France recouvrera son antique splendeur ; mais elle ne sera réelle et même immuable que de 1823 à 1828, et pourtant, depuis plus d'une olympiade , les lis auront refleuri de nouveau, et même un jeune prince sera un jour bien cher aux diverses nations... *Les peuples se réjouiront à sa naissance ; il sera le gage d'une paix et d'une réconciliation générales.*

(*Oracles Sibyllins. Paris*, 1817.)

sera le jouet des Saxons-Anglais, par longues confé-
rences, ilec protocoles entre deux puissans seigneurs,
contre icelui batave. La politique décevante fera mer-
veille en trahisons, déceptions, orages soudains, moult
il se prépare grande déconfiture en Europe.

On rassemblera les mages de divers royaumes, à l'effet de prononcer sur maints griefs réciproques. Pendant que dureront les esbats ; alors surtout il y aura en
Gaule grande confusion, irritation ; les épouses quitteront leurs époux et les époux leurs épouses. Les prêtres
de Baal déserteront le sanctuaire pour s'en venir prendre femme et se donner lignée. Un crime épouvantable
restera pendant un tems impuni, peu après, meurtrier
sera mis en gêne. Les pères conscrits, portant manteaux à écusson, seront décimés, renouvelés, honnis
(comme ayant prêté un serment imposé par réaction,
sans l'intention de le tenir). Ilec diront : La force fait
le faible, ains s'emporteront en menaces, après avoir
été châtiés plusieurs fois sur le champ de bataille. Ilec
craindront de rencontrer en face les vieux boudeurs,
qui peu après leur feront loi. Moult deviendront jeunes,
lorsque la situation du biau pays de France permettra
que la paix existe entre eux. Ains auparavant qu'il en
soit ainsi, alliance aura lieu entre les princes chré-
tiens, voire pour combattre. Pendant ces tems de guerre,
un sien religieux prêchera croisade en Europe, le siége
romain craindra pour sa durée. Les bonnets fourrés de
menu vair s'échangeront contre écharpe. Signes cé-
lestes sur divers points du globe. Bataille rangée visible
dans les nuages. Le monde entier semblera bouleversé.

Une pluie de sang rougira le Tibre, et s'en viendra s'épandre au loin. Un enfant naîtra d'une union monstrueuse. Trouble au sein d'un concile. Un culte nouveau tendra à s'étayer sur l'ancien. Si on le laissait librement pourchasser les pasteurs, les brebis seraient bientôt dispersées. Tous biens ne sauraient être communs. Ilec maîtres finiraient par être renversés par les varlets. Les seigneurs à tourelles, à visières et blasons et écus, seront rançonnés, renfermés ès donjons. Ains chacun criera merci; heureux icelui qui n'aura ni palais ni châteaux; heureux icelui qui n'aura ni dame ni damoiselle à préserver; heureux icelui qui n'aura ni bœuf ni âne à sauver; heureux enfin icelui qui mangera sans peine du pain de trois mélanges et aura trois moutures. Les gens de guerre à corcelets d'acier et visière lui feront loi, voire même les piétons armés d'un fer à deux tranchans. Ilec clochers, ilec églises seront au pouvoir des laïcs. Les frères lais quitteront leurs coulpes; vestiaire mis à l'encan. Chacun portera chaperon pour se reconnaître. Le capet phrygien couvrira le chef des Spartacus... Les saintes images, croix et bannières seront à l'index. Ains disparaîtront devant gens de justice. On devra garder soigneusement son secret, car archiers pénétreront de nuit, ilec feront main-basse sur archives, voire secrets de famille. Les malins interpréteront tout à mal, ilec effraieront les faibles pour atteindre les forts. Argent non monnayé, argent monnayé exigé arbitrairement. Faut remplir la besace du pauvre qui veut devenir riche. Les traitans auront forte curée. Rois et ministres plumeront la poule, ains ne pourront l'empêcher de crier. Oiseaux de proie arriveront du nord, d'autres du midi. Si faire se peut que le gentil roi s'avise de comprendre, il s'environnera de siens serviteurs fidèles, amis de bon aloi, pour chasser ces malencontreux carnivores, affamés d'oppression, de cruauté. L'attention du maître étant éveillée par des cris, ains fera alliance des siens, mais doit rester ilec, brillant, somptueux dans ses couleurs; car le débonnaire a chée par ses fils. Dans ces tems, il n'y aura en France ni monarque portant l'oing du Seigneur, ni régent du vrai sang de la cape, ains chef cadet de la branche royale, nommé roi au Forum au nom du peuple, *non par le peuple assemblé au champ de mai.* Aussi plusieurs seront-ils agités par la colère, d'autres ilec par le remords sur leurs malfaits. Le maître nouveau craindra de guerroyer; il sera sage et faible; aura femme de bien qu'il aura recherchée aux pays des volcans, grande aumônière, aimant son Dieu. Ilec, aura sœur courageuse, entreprenante, ains capable de donner conseil à tous. Ilec aura nombre de rejetons, ains se multiplieront à l'infini, au nord, moult au midi, fonderont un empire. *Athenæum, Athenæum!* l'un d'eux régnera sur toi; onc trois pour un pourront s'y succéder...

Dans une froide province d'Écosse, résidera le vrai roi du vieux sang de la Cape. Ains, jeune prince captif, par ilec soulèvement populaire, reparaîtra plus tard dans un climat plus tempéré. Ains, n'oubliera pas que les tristes restes du sang royal qui coule dans ses veines est français. Ne pourrait-il craindre (*si la Providence ne le garde de boire à la coupe de Socrate*), ne pourrait-il craindre que des hommes qui abjurent en 1832 la qualité de sujets du gentil roi, puissent onc devenir ses ennemis personnels ? Non ; et surtout, *si un royal enfant qui joue à la file d'une longue suite de tombeaux* (1) apparaissait sous la bannière du lis, *l'olivier en main,* au périlleux manoir. S'il en est autrement, ... : . Moi Noël Olivarius (Dieu-Donné), je dirais : Des aigles dévorans, nés sur les bords du Niémen, ains des déserts de la Scythie, s'en viendront avec des loups scandinaves, germains, etc., etc., se festoyer en France, attaquer les troupeaux, camper sur les monts de Lutèce, s'y fixer, couronner un des leurs. Le rite protestant serait en grand honneur. Ains le palais d'été aurait un nouveau maître!... Que Dieu garde la France, et la garantisse de tous les fléaux à-la-fois!... que Dieu détourne la tempête ! que Dieu ait sous sa garde le gentil roi ainsi qu'iceux bannis ! Garde icelui l'auteur de ce mince ouvrage, *d'un doux petit réveil* (2), car sa plume ni son cœur ne furent jamais prostitués par une basse flatterie, ni comprimés par la crainte ; et le malheur n'a jamais obtenu de *ce mien auteur* d'insultans dédains, ni d'orgueilleux mépris. Trop heureux, dans les tems d'horreur et de désastres, d'avoir sauvé sa tête. Trop heureux, sous le règne de l'empire, sous celui de la monarchie légitime, d'avoir possédé la confiance des célébrités européennes, au jour de la douleur, de ne les avoir

---

(1) M. de Châteaubriand.

(2) Mandat signé Gisquet (voire même *un autre nom*).

point méconnues... Trop heureux encore pour 1832 de pouvoir se dire : je resterai au poste de l'honneur tant qu'il y aura du bien à faire et des maux à calmer. Je poursuivrai jusqu'à la fin la noble tâche que le destin m'a imposée : celle de fortifier les forts, encourager les faibles : point de concessions humiliantes. Ains, soutiendrai avec courage, avec énergie, avec dignité les droits de ma patrie. De même, je ne veux cesser de plaindre et de respecter de hautes infortunes. Pareillement donnerai une larme à la veuve, et ferai des vœux pour l'orphelin dépouillé de ses droits. Dans les momens les plus difficiles, je ne désespérerai jamais du salut de la France, encore bien moins de celui des vainqueurs de juillet. Certains d'entre eux finiront par se convaincre de la nécessité d'un cri de ralliement. Je le vois, MM. A. B. C. D. E. F. G. L. M. N. O. P. R. S. T., etc., reconnaîtront leurs torts, abjureront leurs erreurs, maintiendront l'esprit de paix, calmeront les esprits alarmés sur la détérioration du crédit public, sur la méfiance et la confusion, voire même la profonde ignorance introduite dans les discussions du budget français. Ils proclameront à la fin la nécessité d'assembler les états généraux comme unique voie de salut... Lors, ils se rendront dignes de l'élévation à la *pairie héréditaire*, etc., etc. Cet honneur nominal leur sera bien dû ; il fortifiera, s'il est possible, les yeux des myopes politiques ; ceux-ci affectent de n'y point voir pour engraver les embarras du trésor au profit singulier d'iceux... Une preuve que je dis vrai, c'est que les rentiers d'une classe inférieure, avec la véritable richesse du pays, sont doublement, triplement alarmés... L'horizon ne fait que s'obscurcir, et bientôt... pour aucune cause., à aucun titre, ni sous aucune dénomination , on ne recevra... péniblement... par suite de l'introduction d'un nouveau système , que des bons économiques , commandés pour soulager la misère, ains désespérer le capitaliste et ruiner le commerce. Si malheureusement ceux qui président aujourd'hui n'y prennent garde, les millions, les économies, l'amortissement, les bois de l'état, ceux des communes, *jusqu'au domaine de Rambouillet*, tout y passera. Tout deviendra la proie d'une classe entière d'individus qui n'ayant rien à perdre ont tout à gagner..... Alors les contribuables jouiront des nombreux avantages de la seconde Charte jurée en attendant les autres..... Si malgré ces très-claires et infaillibles vérités, on continue à se fourvoyer, à persécuter de courageux et loyaux écrivains , alors je dirais dans une indignation prophétique : Pauvre gouvernement !

Il mérite ma haine, alors qu'il est injuste
. . . .

Et en attendant l'arrêt suprême des dieux de l'Olympe :

Fais ce que dois, advienne que pourra

TABLE

DES MATIÈRES CONTENUES DANS CETTE BROCHURE.

9 782012 828773